U0650432

广东省自然教育基地
生态产品价值实现典型案例

黎 明 李 涛 陈日强 江堂龙 叶有华 周映萍 等 著

中国环境出版集团·北京

图书在版编目（CIP）数据

广东省自然教育基地生态产品价值实现典型案例 /
黎明等著 . -- 北京：中国环境出版集团，2024.12.
ISBN 978-7-5111-6166-6

Ⅰ. G40-02

中国国家版本馆 CIP 数据核字第 2024LV1508 号

责任编辑　陈雪云
封面设计　宋　瑞

出版发行　中国环境出版集团
　　　　　（100062　北京市东城区广渠门内大街 16 号）
　　　　　网　　址：http : //www.cesp.com.cn
　　　　　电子邮箱：bjgl@cesp.com.cn
　　　　　联系电话：010-67112765（编辑管理部）
　　　　　　　　　　010-67112735（第一分社）
　　　　　发行热线：010-67125803，010-67113405（传真）
印　　刷　玖龙（天津）印刷有限公司
经　　销　各地新华书店
版　　次　2024 年 12 月第 1 版
印　　次　2024 年 12 月第 1 次印刷
开　　本　787×1092　1/16
印　　张　9.5（彩插 12）
字　　数　180 千字
定　　价　68.00 元

【版权所有。未经许可，请勿翻印、转载，违者必究。】
如有缺页、破损、倒装等印装质量问题，请寄回本集团更换。

中国环境出版集团郑重承诺：
中国环境出版集团合作的印刷单位、材料单位均具有中国环境标志产品认证。

《广东省自然教育基地生态产品价值实现典型案例》
著作委员会

主　编：黎　明　李　涛　叶有华　周映萍

副主编：陈日强　江堂龙　陈晓意　刘冰玉　郭　微

编　委：

马子安　王国今　孔飒飒　冯中琦　田志辉

谈　静　刘佳悦　李永泉　朱天同　严志为

杨明辉　杨　茜　杨　迪　杨　璇　吴宗龙

余晓华　张　怡　张钰欣　陈三雄　陈心怡

陈紫晗　林帅豪　林　冉　周佳梦　修　晨

侯雨辉　饶诗卿　殷祚云　赖丽萍　穆亚飞

代文魁

2023 年，中国自然教育大会在广东召开，国家对广东的自然教育基地建设工作给予了充分肯定，推动广东自然教育基地建设迈入了新的发展阶段。截至 2024 年年底，广东省已认证省级自然教育基地 135 个，实现了 21 个地市全覆盖，基本完成了"十四五"规划目标，广东已建设成全国自然教育示范省。新时期广东自然教育基地建设如何在全国实现示范引领作用亟须探索。

广东省自然教育基地具有丰富的自然资源和文化底蕴，自然教育基地中蕴含丰富的生态产品，这为新时期广东自然教育基地建设提供了可能。我国自 2010 年在《全国主体功能区规划》中提出"生态产品"以来，先后出台了系列政策推动生态产品价值实现。目前，生态产品价值实现已列入国家和广东省重大发展战略。自然教育基地生态产品价值实现是更好地落实绿水青山就是金山银山理念，拓宽"绿水青山"向"金山银山"转化路径的一个重要突破口。

为此，广东省林业事务中心委托仲恺农业工程学院叶有华教授团队牵头开展广东省自然教育基地生态产品价值实现的有关研究工作。广东省林业事务中心与仲恺农业工程学院协同完成了广东省自然教育基地生态产品清单识别、生态产品价值实现模式路径分析，查找了自然教育基地生态产品价值实现当前存在的主要短板，提出了今后广东省自然教育基地生态产品价值实现的模式路径。在此基础上，选择广东省自然教育基地生态产品价值实现的典型案例进行分析。

全书共 11 章，第 1 章主要阐述了全书编制的背景，给出了本研究的目的与意义。第 2～4 章分别为自然教育基地与生态产品价值实现的关系、广东省自然教育基地生态产品识别及其建设管理投入状况分析。第 5～7 章分别为基地生态产品价值实现的模式路径、形势分析与创新模式。第 8～11 章分别为广东省林场类、自然保护地类、动植物园类、企业类自然教育基地生态产品价值实现典型案例。

　　本书是在大量现场调查、问卷分析和案例研究基础上形成的成果，是我国自然教育基地生态产品价值实现的第一部著作。由于作者水平有限，本书在内容上难免有不足之处，恳请广大读者批评指正。

作者

2024 年 12 月 8 日

第 1 章

绪 论

- 1.1 研究背景
- 1.2 研究目的与意义

1.1 研究背景

⇒ 1.1.1 自然教育基地建设的需要

近年来，广东省自然教育工作建设快速发展，取得了较好的成效。2019 年，省林业局成立全国首个省级自然教育工作领导小组，随后陆续印发《关于加快发展森林旅游的通知》《广东省林业局关于推进自然教育规范发展的指导意见》《广东省自然教育发展"十四五"规划（2021—2025 年）》。围绕建设全国自然教育示范省的目标，广东省积极推动自然教育体系建设，先后编制《自然教育基地建设指引》《自然教育课程设计指引》等团体标准，已形成政府主导、社会支持、公众参与、社区共建的良好发展格局，有力推动了青少年生态文明教育。自然教育基地生态产品价值实现是更好地落实绿水青山就是金山银山理念，拓宽"绿水青山"向"金山银山"转化路径的一个重要突破口。

⇒ 1.1.2 生态产品价值实现的需要

自 2010 年在《全国主体功能区规划》中首次提出"生态产品"概念以来，我国生态产品建设经历了 12 年的探索与发展，先后印发了《关于完善主体功能区战略和制度的若干意见》《关于建立以国家公园为主体的自然保护地体系的指导意见》《关于建立健全生态产品价值实现机制的意见》《生态产品总值核算规范（试行）》等多项文件，并在青海、贵州、江西、海南、广东等多个省（区、市）试点。

近年来，广东省先后印发了《广东省人民政府关于印发广东省生态文明建设"十四五"规划的通知》（粤府〔2021〕61 号）、《中共广东省委 广东省人民政府关于全面推进自然资源高水平保护高效率利用的意见》、《广东省人民政府办公厅关于印发广东省发展绿色金融支持碳达峰行动实施方案的通知》（粤办函〔2022〕219 号）、《广东省人民政府办公厅关于印发广东省建立健全生态产品价值实现机制实施方案的通知》（粤府办〔2022〕30 号）等文件，加快推动生态产品价值实现。生态产品价值实现工作也已列入《关于加快推进森林康养产业发展的意见》《广东省林业保护发展"十四五"规划》《广东省林业产业发展"十四五"规划》《广东省森林旅游发展规划（2021—2035 年）》等相关规划文件，推动森林生态系统生态产品价值实现。

自然教育基地是森林和湿地资源富集区域，蕴含丰富的生态产品。基地自然教育过程实际上就是利用基地内的生态产品开展自然教育的过程。如何发挥好基地生态产品的功能作用来开展自然教育，推动基地生态产品价值实现是当前的重要课题。

⇨ 1.1.3　践行绿水青山就是金山银山理念的新要求

党的二十大报告将"坚持绿水青山就是金山银山的理念"作为新时代十年的伟大成就予以充分肯定。在面向"迈上全面建设社会主义现代化国家新征程、向第二个百年奋斗目标进军的关键时刻"，习近平总书记强调，"必须牢固树立和践行绿水青山就是金山银山的理念，站在人与自然和谐共生的高度谋划发展"。在自然教育基地建设过程中，我们要践行绿水青山就是金山银山理念，要用系统性思维来保护、修复自然教育基地，也要考虑"降碳、减污、扩绿、增长"的协同，促进自然教育基地生态产品价值实现。

1.2　研究目的与意义

⇨ 1.2.1　研究目的

本研究旨在充分分析广东省自然教育基地建设现状、梳理基地生态保护修复状况、识别生态产品类型的基础上，对基地的总体开发利用路径、基地运行过程生态产品价值实现状况和生态产品实现模式进行分析，提出基地生态产品价值实现创新模式，为广东省乃至我国自然教育基地的发展提供参考。

⇒ 1.2.2　研究意义

（1）推进人与自然和谐共生的重要举措

党的二十大报告提出要推动绿色发展，促进人与自然和谐共生。本研究的实施有助于实现自然教育基地与人类活动的紧密结合，在保护、修复绿水青山的前提下，通过基地生态产品价值实现，使公众获得生态发展的红利，并实现价值转化与增值。

（2）有助于提高公众对生态产品的认识

通过本研究，将摸清基地生态产品供给侧保护修复状况、生态系统类型、生态产品类型、生态产品开发利用情况，为公众科学认识和了解生态产品奠定基础。

（3）具有明显的示范借鉴意义

本研究首次对广东省内自然教育基地运行过程生态产品价值实现情况进行探索，研究成果不仅对广东省自然教育基地建设具有参考价值，也将为我国其他地区自然教育基地生态产品价值实现工作提供示范。

自然教育基地生态产品价值实现是绿水青山中生态产品价值实现的重要形式，本研究的开展与成果应用，对全省乃至全国生态产品价值实现起到良好的借鉴作用。

第2章

自然教育基地
与生态产品价值实现的关系

2.1 相关概念

⇒ 2.1.1 自然教育与自然教育基地

（1）自然教育

现代自然教育实践和相关研究探讨的重要节点之一是 2005 年查德·洛夫所著的《林间最后的小孩》一书，书中首次提出"自然缺失症"（nature-deficit disorder)，唤醒了大众对自然教育的认知。在此之后，世界范围内自然教育相关的研究和实践更加丰富。相关研究表明，自然缺失症的诱因主要为人与自然的疏离，人们缺少对自然环境的真实体验，与自然的联结也在逐渐减弱，自然教育研究的重要性和紧迫性逐渐凸显。

"自然教育"作为一种教育形式的专有词汇，于 2010 年前后在自然保护教育和媒体中出现，并不断升温成为热门词汇，之后逐渐形成具有特定意义及应用场景的教育活动类型。2014 年，首届全国自然教育论坛在厦门召开，这标志着自然教育作为一种新的行业形态走进了公众视野。

按照全国自然教育网络的定义，"自然教育是在自然中实践的、倡导人与自然和谐关系的教育"。相关学者在梳理国内外相关教育理论和实践后，倾向于将自然教育定义为在自然中体验关于自然的事物、现象及过程的认知，目的是认识、了解、尊重自然，从而形成爱护、保护自然的意识形态。在中国与西方文化历程中，与"自然教育"相同或类似的表述由来已久，虽然与当下的"自然教育"内涵不尽相同，但其思考和探索为当今的自然教育奠定了重要的基础。

据环球网 2018 年的报道，"自然教育"是以自然环境为背景，以人类为媒介，利用科学有效的方法，使体验者融入大自然，通过系统的手段，实现体验者对自然信息的有效采集、整理、编织，形成社会生活有效逻辑思维的教育过程。真实有效的自然教育，应当遵循"融入、系统、平衡"三大法则。从教育形式来说，自然教育是以自然为师的教育形式。人只是作为媒介而存在。自然教育应该有明确的教育目的、合理的教育过程、可测评的教育结果，实现体验者与自然的有效联结，从而维护体验者身心健康发展。

2019 年，中国林学会发布了《自然教育基地评定导则》，明确将自然教育界定为在自然中学习体验关于自然的知识和规律，建立人与自然的联结，培养人们尊重自然、顺应自然和保护自然的生态观，以期实现人与自然和谐共生。

2021 年，广东省林学会发布的《自然教育基地建设指引》指出，自然教育是以促进人与自然和谐共生为目的，通过观察、体验、感悟自然中的事物、现象、发展过程和相互关系，培养关爱自然的意识和品质，建立人与自然友好联系的实践活动。

（2）自然教育基地

2019 年，中国林学会发布的《自然教育基地评定导则》提到，自然教育基地（natural education base）是指具有一定面积的自然场地，配套有开展自然教育活动的设施及人员，且能够提供多种形式自然教育课程的场所。

2021 年，广东省林学会发布的《自然教育基地建设指引》指出，自然教育基地是具有一定规模的自然或近自然环境，具有明确的运营管理机构，建设较齐全的配套设施，可提供自然教育活动的专业场所。

⇒ 2.1.2　生态产品及其价值实现

（1）生态产品

2010 年，我国发布的《全国主体功能区划》文件将生态产品定义为："生态产品是维系生态安全、保障生态调节功能、提供良好人居环境的自然要素，包括清新的空气、清洁的水源和宜人的气候等。"党的十八大、党的十九大分别明确了"增强生态产品供给能力""提供更多优质生态产品以满足人民日益增长的优美生态环境需要"的具体要求。福建、江西、贵州、海南 4 个省份也将生态产品价值实现工作列入国家生态文明试验区建设试点（尚宇杰等，2021）。除江西、贵州外，青海、浙江也将生态产品市场化列入试点。2021 年

4月，我国印发了《关于建立健全生态产品价值实现机制的意见》，部署了系列有关生态产品价值实现机制的工作任务，着力解决当前生态产品价值实现存在的"度量难、交易难、变现难、抵押难"等难题。围绕生态产品，我国学者在其概念内涵、评估核算、绿色金融、案例实践方面开展了系列探索，取得了初步成效（叶有华等，2017；张林波等，2021a；蓝虹，2021）。

对于生态产品概念内涵的理解，不同学者之间有一定的差别（张林波等，2021b；刘江宜等，2020；李维明等，2020），但基本都包含生态系统服务（杨渺等，2019）。生态产品的概念有狭义和广义之分（李维明等，2020）。狭义的生态产品指良好的自然生态系统提供的生态系统服务，而广义的生态产品既应包含良好的自然生态系统服务，也应包含为保护、修复、治理、维持、管理生态系统及其过程中形成的产品及其衍生产品，不仅应包含自然生态系统，还应包含半自然生态系统和人工生态系统。

生态产品供给过程是尊重自然、顺应自然、保护自然的过程，凸显了山水林田湖草沙生命共同体理念和绿色、低碳、循环、系统发展的思维。以生态产品为核心形成的生态产品品牌体现了广义生态产品的特征，具有典型的自然地理特征，甚至可能是以国土空间为载体，多要素、多类别、多系统、多功能的组合，相较于单一的生态系统服务，生态产品的内涵得到了进一步拓展。随着对生态产品研究和实践的不断深入，生态产品应具有体现合理调控国土空间格局、优化国土空间主体功能的作用，其概念内涵还将继续拓展延伸。

截至目前，尚未发现国外有关于生态产品的表述。与生态产品直接相关的是生态系统服务，或为自然资本（Daily，1997；Costanza et al.，1997；Costanza et al.，2017；Ouyang et al.，2016；Ouyang et al.，2020）。德国、英国、荷兰、挪威、南非、菲律宾等积极在国家层面开展生态核算评价；世界银行、亚洲开发银行也在各地组织开展自然资本账户建立；联合国环境规划署（UNEP）、世界自然保护联盟（IUCN）也高度关注自然资本的探索与实践，并形成了联合国环境与经济综合核算体系（System of Enviornmental-Economic Accounting，SEEA）、环境与经济综合核算体系——实验性生态系统核算（The System of Environmental-Economic Accounting-Experimental Ecosystem Accounting，SEEA-EEA）等核算框架。

（2）生态产品的基本特征

基于不同的角度，不同学者界定的生态产品特征也不尽相同（李维明等，2020；李宏伟，2020；臧振华等，2021）。根据生态产品的概念内涵，生态产品具有生态性、物质性、非物质性、经济性、异质性特征。生态产品的生态性包括两层含义，一是生态产品具有自然属性，同时具有半自然属性和人为改造属性；二是生态产品的形成、供给、利用、维持、管理过程是绿色低碳的、安全的、可持续的，其生态产业化和产业生态化过程维持在一个动态平衡水平，整体生态风险可控。生态产品的生态性特征要求其管理利用过程应遵守生态学规律，崇尚自然发展理念。生态产品的物质性主要指良好的生态系统提供的直接产品，如农产品、林产品和水产品等。生态产品的物质性决定其具有可交易的特征，可分为明显的生产、流通、消费等环节，符合产品流通的一般规律，其价值可通过直接交易实现。生态产品的非物质性特征包括生态系统的维持、调节、文化功能，其价值可通过以下途径来实现：一是洁净空气等生态产品作为生态红利免费分享给社会公众；二是良好自然生态空间通过自然学校、文化教育等方式体现自己的价值；三是通过在生态产品富集的区域植入产业或商业模式实现生态溢价，如成都公园城市建设过程中的商业模式导入等。生态产品异质性特征体现在生态产品的差异化时空分布上，尤其是自然地理分异形成的特色生态产品。

生态产品的经济性特征，可从两个维度进行认知。第一个维度是从生态产品消费过程的竞争性和排他性考虑。洁净空气等具有纯公共物品特征的生态产品不具有排他性和竞争性，作为生态红利免费向社会公众分享；江河湖海等具有公共资源特征的生态产品不具有排他性价值，只有竞争性价值；生态农产品等具有一般私人物品特征的生态产品有较高的排他性和竞争性；收门票的景区和文旅项目等具有俱乐部物品特征的生态产品具有排他性，但不具有竞争性（李维明等，2020）。第二个维度是从生态产品产业化过程来考虑。生态产品的产业化过程包括供给生产、交换、分配、消费、管理、维护等过程。生态产品的形成过程需要对其所在的生态系统进行保护、维护和管理，对其提质增效，属于生态产品供给侧结构性改革环节，需要投入资金，社会资本也可参与。具有纯公共物品特征的生态产品和具有俱乐部物品特征的生态产品以政府为主导，市场和公众参与的模式为主；政府投入为主，社会资金为辅。上游生态产品富集区的生态产品价值实现除通过纵向生态补偿外，还可通过下游横向生态补偿来实现。由于生态价值核算尚不成熟，当前的生态价值实现或生态溢价没有或没有完全体现其生态产品价值。具有公共资源特征和具有一般私人物品特征的生态产品进入市场过程可通过市场交易来实现。整体来说，生态产品的交易已从单一要素的交易发展到多要素交易、多类别交易，从实物交易发展到指标交易、当量交易、期权交易等。然而，生态产品市场化尤其是"生态价值进入市场"与行业产业市场化条件还有较大差距，需要加快推进模式、路径与机制探索，充分利用现代技术和金融赋能生态产业发展。

（3）生态产品价值实现

2022 年 3 月，国家发展和改革委员会在为什么强调生态产品价值实现这一政策解读中提到，生态产品价值实现实质上就是将绿水青山中蕴含的生态产品价值合理高效变现，合理是指生态产品的价格既应体现其稀缺性的溢价，又应包含其外部经济性的内部化；高效则是打破体制机制上的"瓶颈"，使生态产品的变现渠道和路径更加畅通便捷。

乡村振兴视域下，生态产品价值实现需要充分发挥政府、市场与公众三方的角色特点（图 2-1）。在政府层面上，一是需要建立空间分区和产权管理机制，充分发挥国土空间规划的引领和约束作用，不断提高优质生态产品的供给能力，建成归属清晰、权责明确、监管有效的自然资源资产产权制度；二是需要建立有偿使用和特许经营机制，以社区居民和企业为优先主体，明确经营者权利、责任和义务的特许经营机制，发展有偿使用机制，切实反映市场供求、资源稀缺程度、生态环境损害成本和修复效益；三是加强调控监测机制，建立生态产品信息普查制度，形成生态产品目录清单，建立生态产品动态监测制度；四是重视法律法规机制的完善性，针对具体生态产品，应修改和完善相关的交易规则以及行政法律法规，促进生态产品的生产和消费，实现政府的监管者角色，保护生态产品产权不受侵害，确保生态产品市场交易的公平性。

在市场层面上，一是形成市场流转机制，促进生态企业形成内生激励动力，实现生态资源资产产品设计；二是形成森林、流域、湿地、海洋等不同类型生态系统服务价值的核算方法和技术规范（姚霖，2021），建立区域实物账户、能量账户和资产账户，并将有关指标作为实施生态补偿和绿色发展绩效考核的重要内容（叶有华等，2017）；三是建立和规范生态产品认证评价标准的绿色认证体系；四是将生态产品开发纳入绿色金融支持范围，因地制宜挖掘地方特色生态产品，创新绿色金融工具。

在公众层面上，需要充分发挥公众对政府和市场的监督作用，并鼓励社会团体、企业、个人自愿购买具有生态服务功能价值的生态产品，拓展社会团体参与生态保护与建设的渠道，吸纳社会资金投入生态保护修复领域。

政府、市场与公众三方需要充分利用空间、遥感、大数据等技术手段紧密衔接，运用云平台、"5G+"、定价工具、互联网＋生态产品技术、绿色生态技术等工具，为生态产品价值实现加速（谷树忠等，2020）。

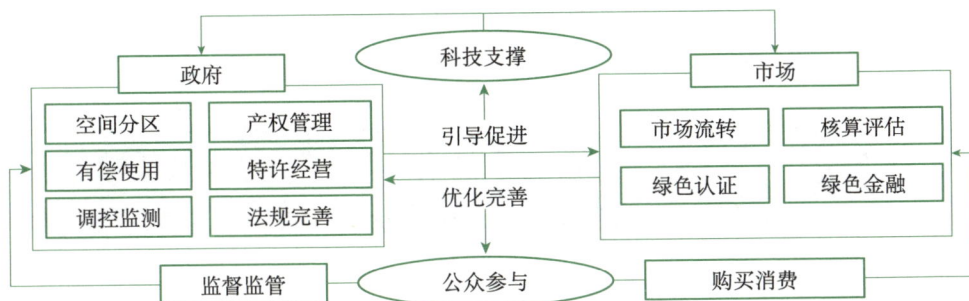

图 2-1　生态产品价值实现机制

2.2　自然教育基地与生态产品价值实现的关系

➡ 2.2.1　自然教育基地具有丰富的生态产品

自然教育基地有较好的资源，依托具有一定规模的各类自然或近自然环境教育机构蓬勃发展。有些是自然保护单位的功能延伸，有些是民办非营利机构，有些是市场催生的服务型企业，有些是社会组织、基金会，还有些是企业社会责任的展示触角。自然教育基地在运行过程中为生态产品价值实现提供了一定的资源基础，生态产品在其价值实现的过程中也给基地带来了生态保护修复、经济收益等收获。

⇒ 2.2.2　自然教育基地是生态产品价值实现的重要载体

《广东省生态文明建设"十四五"规划》提到，推进自然教育，加强自然教育基地建设，引导青少年进森林、进公园、进社区。自然教育发展不仅是"十四五"时期生态文明建设的重要内容，也是新时代下生态文明建设新作为的具体表现，是从宏观的国家生态安全到个体民众身心健康的全社会共同需求。坚持生态保护与尊重自然相结合，以保护和提升自然教育场所生态环境为出发点，以传播生态文明理念、满足人民对美好生活需求为目标。自然教育基地建设与运营以生态承载力为前提，尊重自然、顺应自然、保护自然，确保可持续发展。

2.3　生态产品价值实现的主要模式

⇒ 2.3.1　生态产品价值实现的主要路径

我国当前生态产品价值实现的主要路径表现为"政府路径""市场路径""政府＋市场路径"（"生态产品价值实现的路径、机制与模式研究"课题组，2019）。根据经济学原理，生态产品中的供给产品主要在政府指导下，通过市场进行流通、交换、分配和消费，"市场路径"是主体，"政府路径"是主导。生态系统的支持、维持、调节服务大多带有公益性质，作为绿水青山产权的所有者，"政府路径"是主体，鼓励社会资本多元化参与，"市场路径"是参与。休闲游憩和文化景观服务产品以"政府＋市场路径"为主，政府为主导、市场为主体，产生了较好的经济效益、社会效益与生态效益。生态服务形成过程产生的衍生产品及其服务更多地通过"市场路径"来实现。"政府路径""市场路径""政府＋市场路径"三种路径是一般商品、产品等价值实现的传统路径和做法，已被广泛接受和认可。作为具有公共产品属性的生态产品，显然能够通过以上 3 种路径进行价值实现。

随着国家"三次分配"概念上升到国家战略体系，作为"第三次分配"的典型做法"公益路径"很可能成为未来生态产品价值实现的重要路径之一，并将在各个领域进行延展。公益路径由个人、企业、公益性社团组织或国家自愿发起，通过设立可持续发展基金、环境保护公益基金、资源储备与交易银行、土地休耕信托、生态信用奖惩、节能减排奖补基金、社团公益基金、企业公益基金等多种形式基金，间接或直接地支持绿水青山中的生态产品转化为金山银山。政府对公益路径进行鼓励、引导、监督，或直接参与设计，按市场方式进行运营管理。为此，衍生出"政府+市场""市场+公益""政府+公益"等路径（图 2-2）。

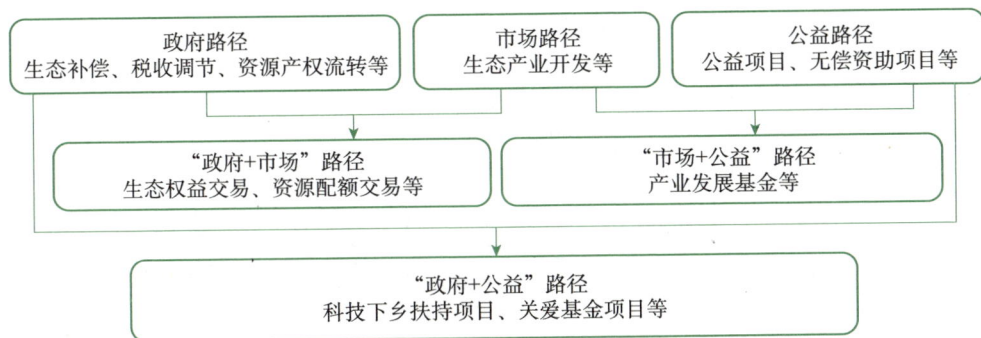

图 2-2　生态产品价值实现路径

⇒ 2.3.2　生态产品价值实现的主要模式

随着生态文明建设的不断推进，一些具有代表性、典型性和地方特色的生态产品价值模式在不断探索和实践，并积累了较好的经验做法。我国学者就生态补偿、指标交易、生态旅游、生态农业、生态修复等有关模式进行了梳理评估和分析研究（刘耕源等，2020；范振林，2020；虞慧怡等，2020；王夏晖等，2020）。这些生态产品价值实现的模式尽管不一定很系统、很完整，但在推动生态产品价值实现过程中发挥了积极作用。根据这些研究，结合实践过程，构建了生态产品价值实现的模式框架，主要包括生态保护补偿模式、生态农业产业化模式、生态旅游和特色文化产业化模式、生态资源指标和生态产权交易模式、生态保护修复与保值增值模式、绿色金融模式等。

（1）生态保护补偿模式

生态保护补偿模式按照"谁受益谁补偿、谁保护谁受偿"的原则，由各级政府或生态受益地区以资金补偿、政策补偿、实物补偿、项目补偿、技术补偿等方式向生态保护地区购买生态产品，是以政府为主导的价值实现（图2-3），如"新安江模式"。相关学者建议将生态补偿纳入耕地占补平衡（谭荣和范振林，2021），我国也将生态保护补偿作为价值实现的重要模式。当前我国已初步形成多元化生态补偿格局，补偿范围也逐渐由单一领域补偿延伸至综合生态补偿。实践中大致可分为以上级政府财政转移支付为主要方式的纵向生态补偿、流域上下游跨区域的横向生态补偿、中央财政资金支持的各类生态建设工程、对生态保护进行的个人补贴补助4种途径。

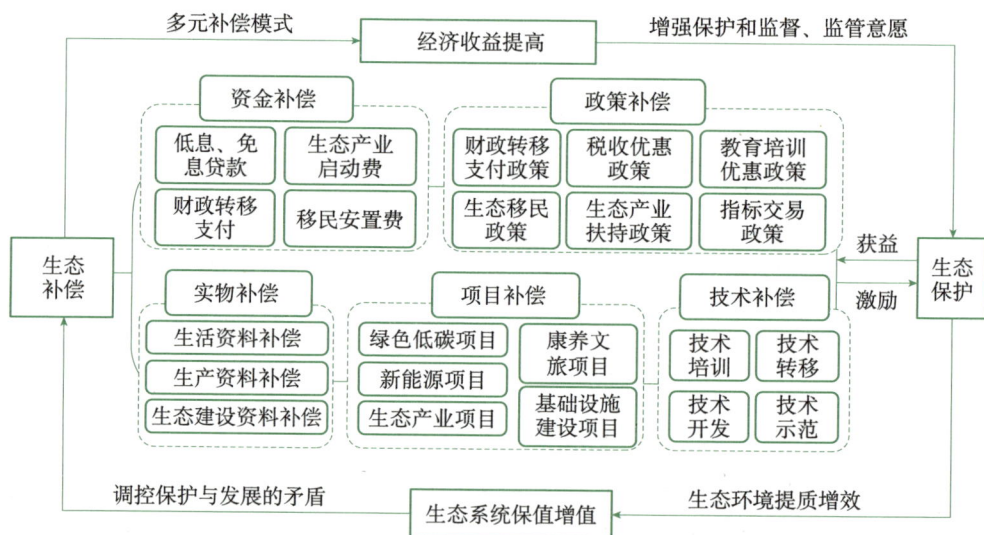

图2-3　生态保护补偿模式

（2）生态农业产业化模式

生态农业产业化模式以市场导向和效益最大化为基本原则，通过持续提升农业生产环境质量，保障农、林、水产品绿色供给能力，因地制宜创新配置农业生产要素，将生态产品的价值附着于农产品、工业品、服务产品中，实现农业生产专业化、规模化和社会化管理，促进农业产业向自我积累和循环的方向发展。树立和打造区域生态品牌，增值生态产品价值，提高市场竞争力，如"丽水山耕"区域品牌（图 2-4）。

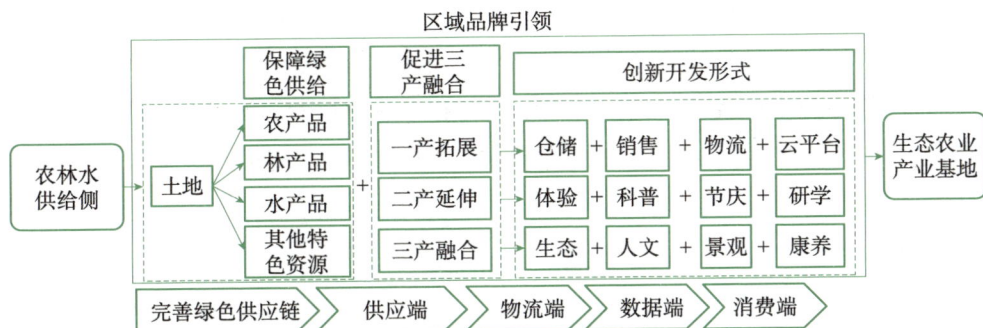

图 2-4 生态农业产业化模式

（3）生态旅游和特色文化产业化模式

生态旅游和特色文化产业化模式依托森林山地、河流湖泊、历史遗存和特色文化等资源，提供文化服务价值产品，附着于相关生态产业中，转化为产权明晰、可直接交易的商品，通过游客"进入"消费、商品"对外"销售等方式激发市场活力，如井冈山红色旅游产业、贵州苗族文化旅游产业等（图 2-5）。在生态旅游模式中，为了最大限度地推动其价值实现，通常借助现代装备技术和生态理念开展特许经营，如缆车、水上运动、养蜂等。

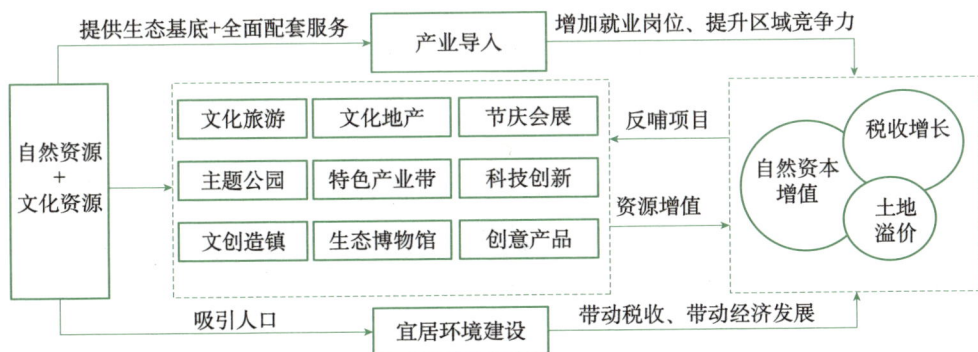

图 2-5 生态旅游和特色文化产业化模式

（4）生态资源指标和生态产权交易模式

生态资源指标和生态产权交易模式以自然资源产权交易和政府管控下的指标限额交易为核心，是将政府主导与市场力量相结合的价值实现路径，其通过对分散的自然资源使用权或经营权进行集中流转和专业化运营，提升生态产品的生产能力（张潇尹，2019)，如"重庆地票模式""顺昌生态银行模式"等（图2-6)。

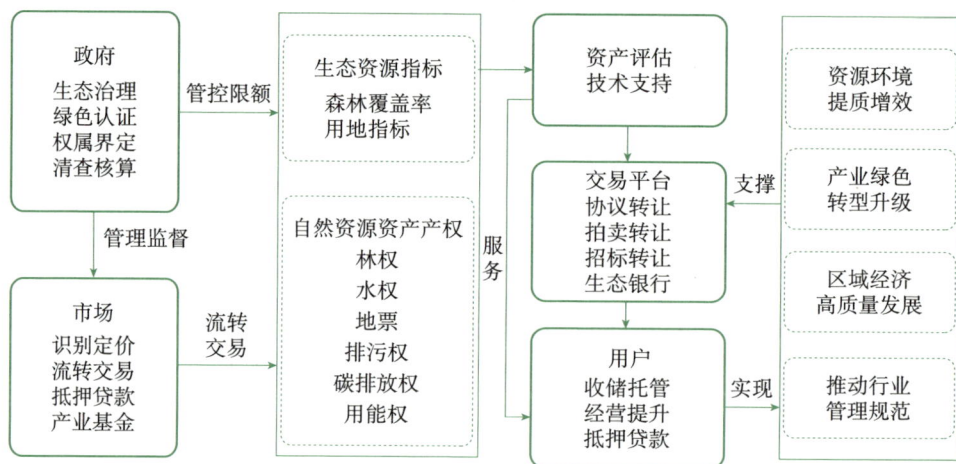

图 2-6　生态资源指标和生态产权交易模式

（5）生态保护修复与保值增值模式

生态保护修复与保值增值模式通过生态保护修复、系统治理和综合开发，保护存留的良好生态系统，修复生态破坏受损系统，整治提升低质低效的国土空间，恢复自然生态系统的结构和功能，增强生态产品的供给能力，实现生态产品价值提升和"外溢"（彭少麟和吴可可，2015；叶有华等，2021），如广东南雄的红砂岭综合治理、福建省厦门五缘湾片区的陆海环境综合整治、珠海三角岛的保护修复等（图2-7)。此外，保护修复有助于增强生态系统的碳汇能力，实现碳交易，进而拓宽生态系统的增值途径。

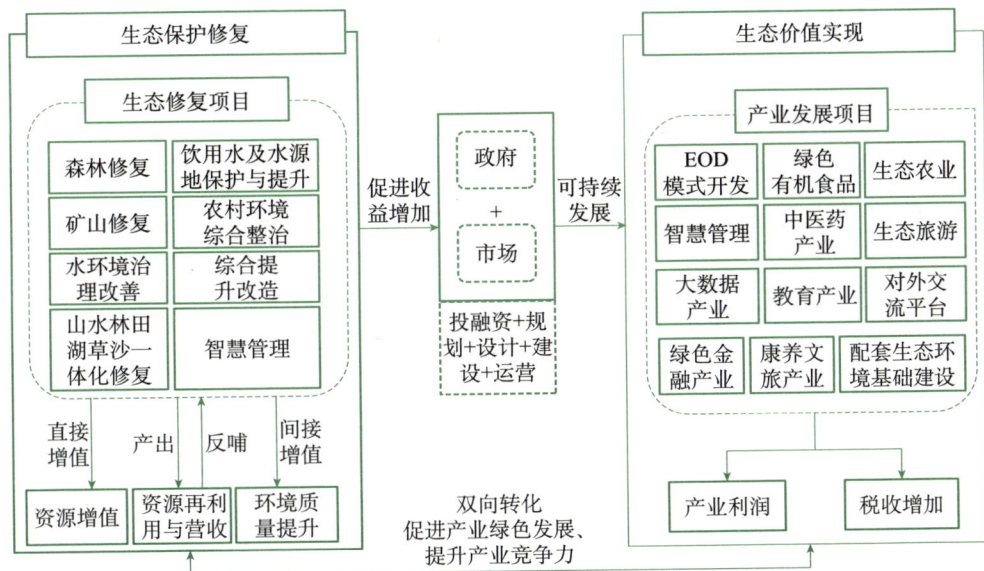

图 2-7 生态保护修复与保值增值模式

（6）绿色金融模式

现阶段国内运用的环保方式更多地依附行政手段，金融具备的杠杆效应难以发挥出来（沈实，2017）。为了有效提高环保项目的投资回报和绿色融资可获得性，绿色金融模式应运而生。其可持续运作的核心是要有成熟的法律制度保障、可持续的市场条件和完善的基础设施建设体系，使其充分发挥资源优化配置、价格发现和风险管理的功能（国务院发展研究中心"绿化中国金融体系"课题组等，2016；蓝虹，2021）。通过提供多样的金融服务产品，实现资源和资金互补，如绿色信贷、环境与气候基金、生态信托、生态保险和生态效益债券等金融产品（图 2-8）。

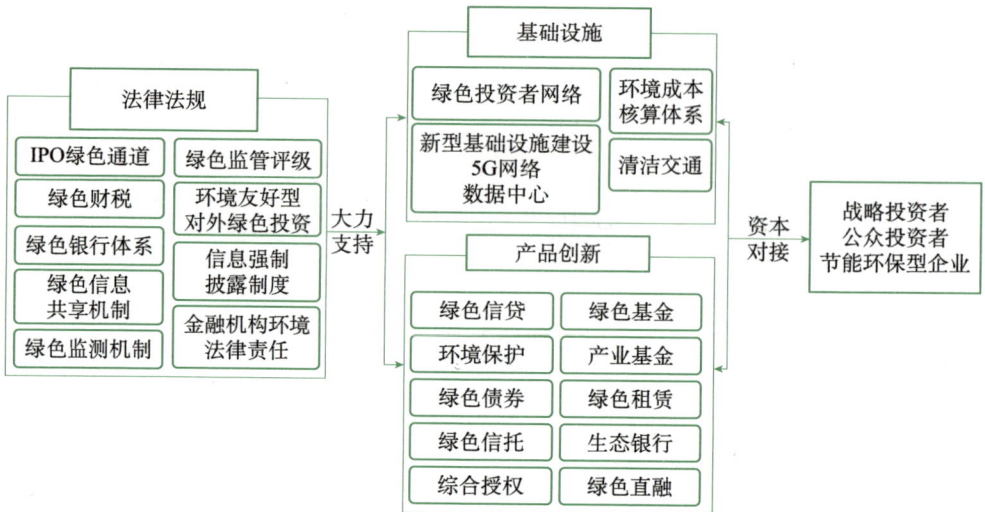

图 2-8　绿色金融模式

第 3 章 >

广东省自然教育基地
生态产品识别

3.1 典型基地调查分析

⇒ 3.1.1 基地选择

本研究按照分区、分类的方式选择典型性、代表性的自然教育基地开展调查研究。充分考虑广东省不同经济发展水平所在区域的基地，将广东省划分为珠三角、粤北、粤东、粤西4个区域，同时尽可能兼顾各个地级市；充分考虑自然教育基地依托的5种类型进行分类，包括自然保护地、林场、动植物园、科研机构与学校、企业与其他5种类型。经筛选，选择具有典型性和代表性的广东省41个自然教育基地作为研究点位。

所调研的点位包括珠三角地区24个、粤北地区7个、粤东地区4个、粤西地区6个。在5种类型中，自然保护地25个、林场4个、动植物园5个、科研机构与学校4个、企业与其他类型5个。在实际管理中，林场属于自然公园类的自然保护地，两者存在重叠。自然保护地又分为自然保护区、风景名胜区、地质公园、森林公园、湿地公园和石漠公园6种类型。

⇒ 3.1.2 调研方式

（1）文献调研与检索

本研究涉及基地自然条件、管理维护、生态产品开发利用、自然教育开展等多方面内容，需要查阅和检索大量信息资料。

根据我国财政资金公开委托的管理制度，各自然教育基地及其依托载体的大部分资金投入可通过属地采购中心、广东省采购中心的公开招投标信息系统查询。

（2）座谈与访谈

在调查研究过程中，课题组深入基地，与基地相关人员进行座谈与访谈，了解基地建设维护情况、生态产品开发利用情况、存在的主要问题以及对基地下一步的意见和建议。

（3）问卷调查

为拓展调研的范围，在调查研究过程中，通过问卷形式了解公众对基地生态产品的认知、需求与建议情况。

（4）现场踏勘

研究过程中除需要基地协助提供一些相关信息资料外，课题组还需现场踏勘，调查、了解基地保护修复情况、建设运营情况、生态环境状况，加深对基地的认识与了解，为课题开展奠定基础。

3.2　基地自然资源类型识别

生态产品的物质性产品供给主要来源于绿水青山中的各类自然资源。联合国环境规划署将"自然资源"定义为在一定的时间、地点条件下，能够产生经济价值的、以提高人类当前和未来福利的自然环境因素和条件。

根据《自然资源部关于印发〈自然资源调查监测体系构建总体方案〉的通知》（自然资发〔2020〕15 号），自然资源主要包括土地、矿产、森林、草原、水、湿地、海域海岛七大类。从广东省林业局公布的 135 个自然教育基地可以看出，基地内主要自然资源类型包括土地资源、矿产资源、森林资源、草地资源、水资源、湿地资源、海域海岛资源七大类。

3.3 基地生态系统类型识别

　　生态产品主要蕴含在绿水青山的生态系统中，因此识别生态系统类型极其重要。生态系统是指在自然界的一定空间内，生物与环境构成的统一整体，在这个统一整体中，生物与环境之间相互影响、相互制约，并在一定时期内处于相对稳定的动态平衡状态。从广东省林业局公布的 135 个自然教育基地可以看出，基地内主要生态系统类型包括森林生态系统、湿地生态系统、农田生态系统、草地生态系统、荒漠（石漠）生态系统、淡水生态系统、海洋生态系统、城市生态系统（人居环境生态系统）等，涵盖了大部分生态系统类型（表 3-1）。海洋生态系统主要集中分布在珠三角地区、粤西地区和粤东地区自然教育基地中；粤北地区自然教育基地中主要分布有森林生态系统、荒漠（石漠）生态系统、湿地生态系统、农田生态系统和草地生态系统；珠三角地区和粤西地区城市群落较为密集，其自然教育基地涵盖了城市生态系统类型。

表 3-1　广东省自然教育基地所属的生态系统类型

分布区域	生态系统类型
珠三角	森林生态系统、湿地生态系统、农田生态系统、草地生态系统、荒漠（石漠）生态系统、淡水生态系统、海洋生态系统、城市生态系统
粤西	森林生态系统、草地生态系统、海洋生态系统、城市生态系统
粤北	森林生态系统、荒漠（石漠）生态系统、湿地生态系统、农田生态系统、草地生态系统
粤东	森林生态系统、湿地生态系统、海洋生态系统、草地生态系统

3.4　基地生态产品类型识别

不同学者对生态产品类型的界定略有差异，主要有三分法和四分法。这里的生态产品对应于专家、学者研究过程中提出的生态系统服务。Costanza 等（1997）将全球生态系统服务功能划分为十七大类；在联合国等国际组织制定的《2012 环境经济核算体系——实验性生态系统核算》中，采用了 3 种广泛认同的生态系统服务类别——供给服务、调节服务和文化服务（邱琼和施涵，2018）；联合国千年生态系统评估（Millennium Ecosystem Assessment，MA）将生态系统服务划分为供给、调节、文化、支持四大类，每一大类服务又包含不同小类的服务（刘畅等，2022）；也有学者认为生态产品具有生态性、物质性、非物质性、经济性、异质性特征（叶有华等，2022），主要包括物质供给、调节服务和文化服务。本研究同时参考《生态产品总值核算规范（试行）》，按照物质供给、调节服务、文化服务 3 种类型对基地的生态产品类型进行识别（表 3-2 ～表 3-8）。

调查结果表明，各区域自然教育基地均有物质供给、调节服务和文化服务 3 种类型生态产品分布，物质供给和调节服务因自然教育基地自然禀赋差异而有所不同，文化服务因自然教育基地所在区域城市化水平差异而呈现不同特点。粤北自然教育基地生态产品具有明显的森林生态特性，粤东地区和粤西地区自然教育基地的生态产品具有典型的海洋特性，珠三角地区自然教育基地的生态产品具有典型的综合性和城市化特征。

表 3-2 林场类基地生态产品类型识别

生态产品类型		梧桐山国家森林公园	东莞市大屏嶂森林公园	云浮林场	汕尾市国有黄羌林场	天井山国家森林公园	龙眼洞林场
生物质生产	林业资源利用						
	农业资源利用（秸秆、薪柴）						
	垃圾、废物以及动物粪便处理利用						
农产品	野生农产品					药材；野生林产品：香菇、木耳、灵芝	
	集约化种植农产品						
林产品	野生林产品			√			
	集约化种植林产品						
牧产品	放养牧产品					蜂蜜	
渔产品	野生渔产品						
	集约化养殖渔产品						
淡水资源	坑塘						
	水库						
	湖泊			√		√	
	河流	√		√			
种质资源库	种子	√	√				√
	苗木	√	√		√		√

续表

生态产品类型		梧桐山国家森林公园	东莞市大屏嶂森林公园	云浮林场	汕尾市国有黄羌林场	天井山国家森林公园	龙眼洞林场
种质资源库	花卉	√	√		√		√
	其他						林下经济种植
调节服务	水源涵养	√	√	√	√	√	
	土壤保持		√	√	√	√	√
	防风固沙						
	海岸带防护						
	洪水调蓄		√				
	固碳		√			√	√
	空气净化	√	√	√	√	√	√
	水质净化	√	√	√			√
	局部气候调节	√	√	√	√	√	√
	噪声消减	√	√	√	√	√	
文化服务	生态景观服务	√	√	√	√	√	√
	休闲游憩	√	√	√	√	√	√
	旅游康养	√	√	√	√	√	√
	科普读物	√	√	√	√	√	√
	教育宣讲	√	√	√	√	√	√
	体验设计	√	√	√	√	√	√
	典型案例	√	√	√	√	√	√

注："√"表示该基地内具有该类生态产品。

表 3-3　湿地类基地生态产品类型识别

生态产品类型		广州海珠国家湿地公园	深圳华侨城国家湿地公园	新会小鸟天堂国家湿地公园	海陵岛红树林国家湿地公园
生物质生产	林业资源利用		√		
	农业资源利用（秸秆、薪柴）				
	垃圾、废物以及动物粪便处理利用				
农产品	野生农产品	√			
	集约化种植农产品				
林产品	野生林产品	√			
	集约化种植林产品				
牧产品	放养牧产品				
渔产品	野生渔产品	√			
	集约化养殖渔产品				
淡水资源	坑塘				
	水库				
	湖泊	√		√	
	河流	√			
种质资源库	种子	√			
	苗木	√			√
	花卉	√			√
	其他				

续表

生态产品类型		广州海珠国家湿地公园	深圳华侨城国家湿地公园	新会小鸟天堂国家湿地公园	海陵岛红树林国家湿地公园
调节服务	水源涵养	√	√	√	√
	土壤保持		√	√	
	防风固沙				
	海岸带防护				
	洪水调蓄		√		
	固碳		√		
	空气净化	√	√	√	√
	水质净化	√	√	√	
	局部气候调节	√	√	√	
	噪声消减	√	√	√	√
文化服务	生态景观服务	√	√	√	√
	休闲游憩	√	√	√	√
	旅游康养	√	√	√	√
	科普读物	√	√	√	√
	教育宣讲	√	√	√	√
	体验设计	√	√	√	√
	典型案例	√	√	√	√

注："√"表示该基地内具有该类生态产品。

表 3-4　森林公园类基地生态产品类型识别

生态产品类型		广州市流溪河国家森林公园	深圳市梧桐山风景名胜区	东莞市大岭山森林公园	西樵山风景名胜区
生物质生产	林业资源利用				
	农业资源利用（秸秆、薪柴）				
	垃圾、废物以及动物粪便处理利用				
农产品	野生农产品				
	集约化种植农产品				
林产品	野生林产品				
	集约化种植林产品				
牧产品	放养牧产品				
渔产品	野生渔产品				
	集约化养殖渔产品				
淡水资源	坑塘				
	水库	√			
	湖泊	√			√
	河流	√			√
种质资源库	种子	√	√	√	√
	苗木	√	√	√	√

续表

生态产品类型		广州市流溪河国家森林公园	深圳市梧桐山风景名胜区	东莞市大岭山森林公园	西樵山风景名胜区
种质资源库	花卉	√	√	√	√
	其他				
调节服务	水源涵养	√	√	√	√
	土壤保持	√	√	√	√
	防风固沙				
	海岸带防护				
	洪水调蓄				
	固碳	√	√	√	√
	空气净化	√	√	√	√
	水质净化	√	√	√	
	局部气候调节	√	√	√	
	噪声消减	√	√	√	√
文化服务	生态景观服务	√	√	√	√
	休闲游憩	√	√	√	√
	旅游康养	√	√	√	√
	科普读物	√	√	√	√
	教育宣讲	√	√	√	√
	体验设计	√	√	√	√
	典型案例	√	√	√	√

注："√"表示该基地内具有该类生态产品。

表 3-5 自然保护区类基地生态产品类型识别

生态产品类型		福田红树林生态公园	珠江口中华白海豚国家级自然保护区	鼎湖山国家级自然保护区	雷州珍稀海洋生物国家级自然保护区	饶平青岚地质公园	陆河南万红锥林省级自然保护区	南岭国家级自然保护区	丹霞山世界地质公园
生物质生产	林业资源利用							√	
	农业资源利用（秸秆、薪柴）							√	
	垃圾、废物以及动物粪便处理利用	√			√			√	
农产品	野生农产品					黄皮、野菜		√	茶包
	集约化种植农产品					茶叶、果酒			
林产品	野生林产品							√	
	集约化种植林产品								
牧产品	放养牧产品					蜂蜜		√	
渔产品	野生渔产品							√	
	集约化养殖渔产品								
淡水资源	坑塘							√	
	水库			√		√	√	√	
	湖泊		√			√			
	河流						√		
种质资源库	种子	√		√				√	√
	苗木	√					√	√	√

续表

生态产品类型		福田红树林生态公园	珠江口中华白海豚国家级自然保护区	鼎湖山国家级自然保护区	雷州珍稀海洋生物国家级自然保护区	饶平青岚地质公园	陆河南万红锥林省级自然保护区	南岭国家级自然保护区	丹霞山世界地质公园
种质资源库	花卉					√	√	√	√
	其他								
调节服务	水源涵养	√	√		√				
	土壤保持	√		√		√	√	√	√
	防风固沙								
	海岸带防护								
	洪水调蓄								
	固碳	√	√	√	√	√	√	√	√
	空气净化	√	√	√	√	√	√	√	√
	水质净化	√				√			
	局部气候调节	√		√			√	√	√
	噪声消减	√							
文化服务	生态景观服务	√	√	√			√	√	√
	休闲游憩	√	√						
	旅游康养	√	√						
	科普读物	√							
	教育宣讲	√							
	体验设计	√				√			
	典型案例	√	√	√			√	√	√

注："√"表示该基地内具有该类生态产品。

表 3-6　动植物园类基地生态产品类型识别

生态产品类型		中国科学院华南植物园	广州动物园	深圳市仙湖植物园	惠州市植物园	高州市植物园
生物质生产	林业资源利用					
	农业资源利用（秸秆、薪柴）					
	垃圾、废物以及动物粪便处理利用					
农产品	野生农产品					
	集约化种植农产品					
林产品	野生林产品					
	集约化种植林产品					
牧产品	放养牧产品					
渔产品	野生渔产品					
	集约化养殖渔产品					
淡水资源	坑塘					
	水库					
	湖泊	√	√			
	河流	√				
种质资源库	种子	√		√	√	√
	苗木	√	√	√	√	√
	花卉	√	√	√	√	√
	其他	林下经济种植				

续表

生态产品类型		中国科学院华南植物园	广州动物园	深圳市仙湖植物园	惠州市植物园	高州市植物园
调节服务	水源涵养	√	√			
	土壤保持	√	√	√	√	√
	防风固沙					
	海岸带防护					
	洪水调蓄					
	固碳	√	√	√	√	√
	空气净化	√	√	√	√	√
	水质净化	√	√			
	局部气候调节	√	√	√		√
	噪声消减	√	√	√	√	√
文化服务	生态景观服务	√	√	√	√	√
	休闲游憩	√	√	√	√	√
	旅游康养	√	√	√	√	√
	科普读物	√	√	√	√	√
	教育宣讲	√	√	√	√	√
	体验设计	√	√	√	√	√
	典型案例	√	√	√	√	√

注："√"表示该基地内具有该类生态产品。

表 3-7　科研机构与学校类基地生态产品类型识别

生态产品类型		华南农业大学	广州市林业和园林科学研究院	树木公园	中山市沙溪镇云汉小学自然探索园
生物质生产	林业资源利用			√	
	农业资源利用（秸秆、薪柴）				
	垃圾、废物以及动物粪便处理利用				
农产品	野生农产品				
	集约化种植农产品	√			
林产品	野生林产品	√	√	√	
	集约化种植林产品				
牧产品	放养牧产品				
渔产品	野生渔产品				
	集约化养殖渔产品				
淡水资源	坑塘			√	
	水库				
	湖泊	√			
	河流			√	
种质资源库	种子	√	√	1 100 多种	
	苗木	√	√	√	√
	花卉	√	√	√	√
	其他			林下经济 200 多种	
调节服务	水源涵养	√			
	土壤保持	√	√	√	
	防风固沙				
	海岸带防护				
	洪水调蓄				
	固碳	√	√	√	√

续表

生态产品类型		华南农业大学	广州市林业和园林科学研究院	树木公园	中山市沙溪镇云汉小学自然探索园
调节服务	空气净化	√	√	√	√
	水质净化	√			
	局部气候调节	√	√	√	√
	噪声消减	√	√	√	√
文化服务	生态景观服务	√	√	√	√
	休闲游憩	√	√	√	√
	旅游康养	√	√	√	√
	科普读物	√	√	√	√
	教育宣讲	√	√	√	√
	体验设计	√	√	√	√
	典型案例	√	√	√	√

注:"√"表示该基地内具有该类生态产品。

表3-8 企业与其他类基地生态产品类型识别

生态产品类型		广州花都宝桑园	广州一衣口田大自然教育基地	盈香生态园	茂名市露天矿生态公园	粤赣古驿道连平段	连南万山朝王国家石漠公园
生物质生产	林业资源利用						
	农业资源利用（秸秆、薪柴）						
	垃圾、废物以及动物粪便处理利用						
农产品	野生农产品	√	√	√			
	集约化种植农产品	√	√	√			
林产品	野生林产品	√	√	√			
	集约化种植林产品	√	√	√			
牧产品	放养牧产品	√	√	√			

续表

生态产品类型		广州花都宝桑园	广州一衣口田大自然教育基地	盈香生态园	茂名市露天矿生态公园	粤赣古驿道连平段	连南万山朝王国家石漠公园
渔产品	野生渔产品	√	√	√			
	集约化养殖渔产品	√		√			
淡水资源	坑塘						
	水库				√		
	湖泊	√		√	√		
	河流						
种质资源库	种子	√	√	√		√	
	苗木	√	√	√	√	√	√
	花卉	√	√	√	√	√	√
	其他			√			
调节服务	水源涵养	√		√	√		
	土壤保持	√	√	√	√	√	√
	防风固沙						
	海岸带防护						
	洪水调蓄				√		
	固碳	√	√	√	√	√	√
	空气净化	√	√	√	√	√	
	水质净化	√		√	√		
	局部气候调节	√	√	√	√	√	√
	噪声消减	√	√	√	√	√	
文化服务	生态景观服务	√	√	√	√	√	√
	休闲游憩	√	√	√	√	√	√
	旅游康养	√	√	√	√	√	√
	科普读物	√	√	√	√	√	√
	教育宣讲	√	√	√	√	√	√
	体验设计	√	√	√	√	√	√
	典型案例	√	√	√	√	√	√

注："√"表示该基地内具有该类生态产品。

第4章 >

广东省自然教育基地建设
管理投入状况分析

4.1 基地生态保护修复状况分析

⇒ 4.1.1 生态保护修复工程投入

据不完全统计，2017—2021 年珠三角、粤北、粤东、粤西四大区域生态保护修复的投入差别非常明显。按生态保护修复 2017—2021 年总投入的资金额度排序，为珠三角地区＞粤北地区＞粤西地区＞粤东地区，在平均每年生态保护修复投入中，珠三角地区 76 084 万元，粤北地区 14 181 万元，粤西地区 6 358 万元，粤东地区 3 726 万元（图 4-1）。

在各区域生态保护修复投入占总投入的比例中，粤东地区＞粤西地区＞粤北地区＞珠三角地区，但粤东、粤西、粤北 3 个地区差别不大，均大于 50%，珠三角地区最低，约 10%。2017—2021 年，珠三角地区在基地的生态保护修复投入上增加了 76 092 万元，占比提高了 5%；粤北地区增加了 21 128 万元，占比提高了 42%；粤东地区增加了 4 014 万元，占比基本保持不变；粤西地区增加了 10 465 万元，占比也基本保持不变（图 4-2）。

据不完全统计，自然保护地、林场、动植物园、科研机构与学校、企业与其他五大类型基地的生态保护修复总投入，按大小排序为自然保护地＞动植物园＞林场＞科研机构与学校＞企业与其他。在平均每年生态保护修复投入中，自然保护地 27 227 万元，动植物园 22 339 万元，林场 18 533 万元，科研机构与学校 16 050 万元，企业与其他 6 170 万元（图 4-3）。

在各类基地中，平均每年生态保护修复投入占每年总投入比例，动植物园＞林场＞自然保护地＞企业与其他＞科研机构与学校，其中动植物园和林场比较接近，年均占比均大于 50%；自然保护地、企业与其他类型接近，年均占比约 40%；科研机构与学校年均占比最低，为 4%。2017—2021 年，自然保护地在生态保护修复投入上增加了 40 536 万元，占比提高了 9%；动植物园增加了 45 899 万元，占比降低了 14%；林场增加了 37 931 万元，占比提高了 88%；科研机构与学校增加了 5 064 万元，占比基本保持不变；企业与其他类型增加了 250 万元，占比降低了 50%（图 4-4）。

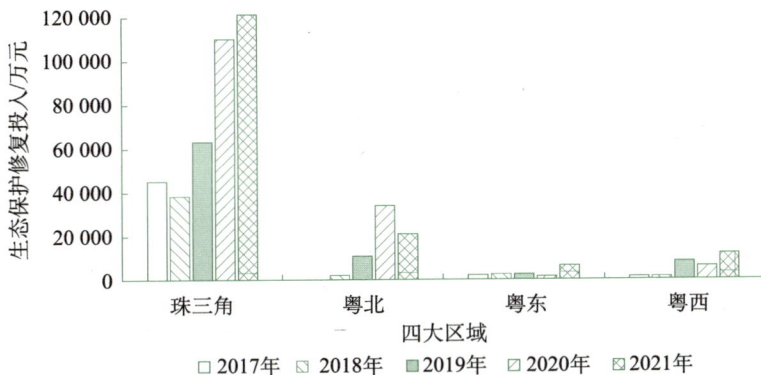

图 4-1　2017—2021 年四大区域基地生态保护修复投入

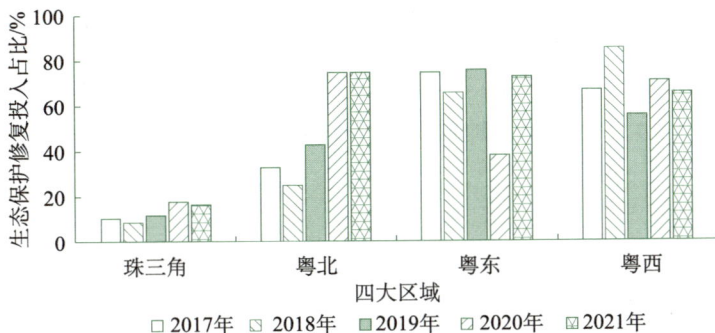

图 4-2　2017—2021 年四大区域基地生态保护修复投入占比

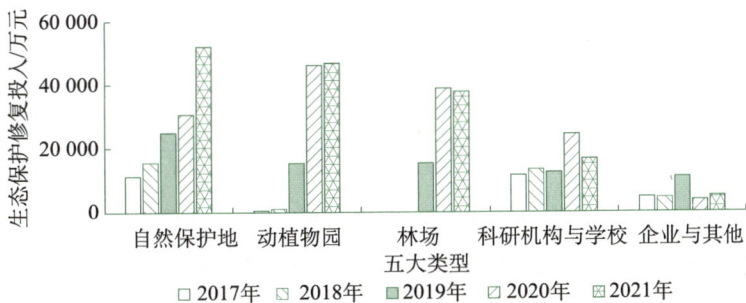

图 4-3　2017—2021 年五大类型基地生态保护修复投入

图 4-4　2017—2021 年五大类型基地生态保护修复投入占比

据不完全统计，2017—2021 年自然保护地的自然保护区、风景名胜区、地质公园、森林公园、湿地公园、石漠公园 6 种类型基地的生态保护修复投入，按大小排序为森林公园＞湿地公园＞自然保护区＞地质公园＞风景名胜区＞石漠公园。在平均每年生态保护修复投入中，森林公园 27 347 万元，湿地公园 6 274 万元，自然保护区 4 290 万元，地质公园 3 164 万元，风景名胜区 2 409 万元，石漠公园 514 万元（图 4-5）。

图 4-5　2017—2021 年自然保护地 6 种类型基地生态保护修复投入

在这 6 类基地中，平均每年生态保护修复投入占每年总投入比例排序为森林公园＞自然保护区＞地质公园＞风景名胜区＞湿地公园＞石漠公园，其中森林公园和自然保护区比较接近，年均占比都大于 50%；地质公园、风景名胜区接近，年均占比都大于 40%；湿地公园、石漠公园年均占比较低，均低于 30%。2017—2021 年，自然保护区在生态保护修复投入上增加了 8 923 万元，占比提高了76%；风景名胜区增加了 7 249 万元，占比提高了 87%；地质公园减少了 238 万元，占比降低了 15%；森林公园增加了 45 467 万元，占比提高了 26%；湿地公园增加了 12 063 万元，占比提高了 7%；石漠公园增加了 983 万元，占比提高了 27%（图 4-6）。

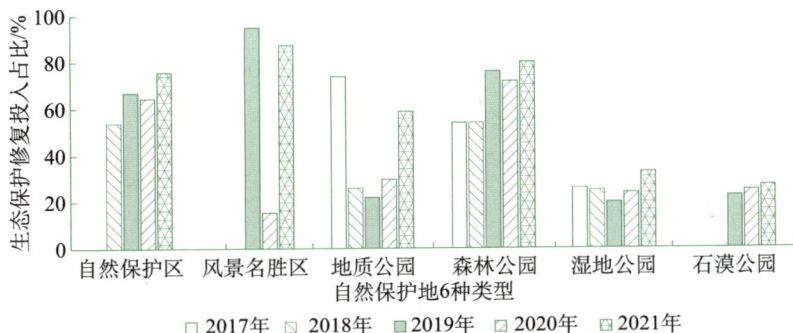

图 4-6　2017—2021 年自然保护地 6 种类型基地生态保护修复投入占比

造成这些变化的原因可能有以下 6 个方面：

一是随着我国和广东省生态文明建设的快速推进、自然教育的普及，自然教育基地的建设越来越引起管理部门和社会公众的关注和重视，在践行绿水青山就是金山银山理念上下足了功夫，生态保护修复投入明显增加。

二是在《广东省人民政府关于印发广东省主体功能区规划的通知》（粤府〔2012〕120 号）中，粤北、粤东、粤西定位为生态发展区域，注重保护环境、永续发展，因此，生态保护修复投入的占比较多。

三是四大区域经济发展水平不同，珠三角地区经济发展水平较高，粤东地区、粤西地区、粤北地区较低，因此，各区域支撑基地发展的财力（投入资金额度）相差较大。

四是珠三角地区和粤北地区的自然教育基地起步较早、基地数量较多，投入较多，发展相对成熟，而粤东地区、粤西地区的自然教育基地刚起步，数量较少，投入也较少。

五是受新冠疫情影响，采取了闭园、限流等防控措施，导致客流量大幅减少，门票收入减少，自负盈亏的企业整体收入下降，生态保护修复投入的占比也降低。

六是动植物园、企业与其他类型基地生态保护修复投入虽然增加了，但在总投入中的占比有所下降，说明基地在其他方面的投入更大。

⇨ 4.1.2　基地直接用于自然教育的资金投入

广东省各自然教育基地在运行管理中直接用于自然教育的费用差别较大。调研结果表明，基地用于自然教育的资金投入可分为以下 6 个类别：

一是有稳定的自然教育资金投入，且经费为 1 000 万元（含 1 000 万元）以上的，如深圳华侨城国家湿地公园等。

二是有稳定资金投入，且经费为 500 万～ 1 000 万元的，如广州海珠国家湿地公园、中国科学院华南植物园、丹霞山世界地质公园等。

三是有稳定资金投入，且经费为 100 万～ 500 万元的，如梧桐山国家森林公园、南岭国家级自然保护区、粤赣古驿道连平段、惠东海龟国家级自然保护区、汕尾市国有黄羌林场、新会小鸟天堂国家湿地公园、树木公园等。

四是有稳定经费投入，且经费为 50 万～ 100 万元的，如龙眼洞林场、深圳市仙湖植物园等。

五是有稳定经费投入，经费为 5 万～ 50 万元的，如深圳市梧桐山风景名胜区等。

六是没有稳定经费投入，经费为 0 ～ 5 万元的，如神光山国家森林公园、陆河南万红锥林省级自然保护区等。

4.2　基地主要人员投入状况分析

⇨ 4.2.1　基地建设管理人员投入状况

调研的 39 个基地的主要人员有 7 204 人，从四大区域来看，珠三角地区＞粤北地区＞粤西地区＞粤东地区，并且 4 个不同区域的数量差距比较大。珠三角地区有 5 987 人，占比 83.1%；粤北地区有 816 人，占比 11.3%；粤西地区有 250 人，占比 3.5%；粤东地区有 151 人，占比 2.1%（图 4-7）。

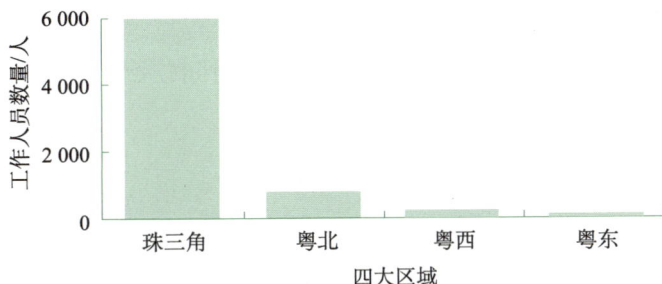

图 4-7　四大区域基地人员投入

对 5 种不同类型基地的人员投入进行比较，结果显示：科研机构与学校的工作人员有 3 235 人，占比 45%；自然保护地的工作人员有 2 597 人（因当前所调研的林场均为自然保护地，因此自然保护地人员数量包含林场的人员），占比 36%；动植物园、企业与其他类型、林场的工作人员分别有 806 人、566 人和 436 人，占比分别为 11%、8% 和 6%（图 4-8）。

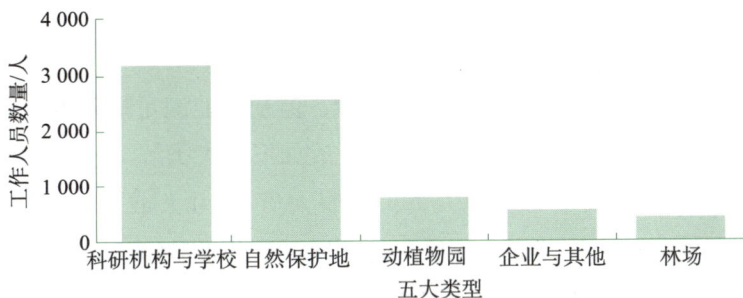

图 4-8　五大类型基地人员投入

自然保护地中 6 种类型的基地人员投入均小于 1 000 人。其中，基地人员投入大于 500 人的有森林公园、地质公园和风景名胜区，分别有 907 人、608 人和 550 人；基地人员投入为 100～500 人的有湿地公园、自然保护区，分别有 317 人、205 人；基地人员投入最少的是石漠公园，仅有 10 人（图 4-9）。

不同地区、不同类型的基地中，工作人员数量形成差异的原因有：

一是珠三角地区和粤北地区的自然教育基地起步较早，数量较多，投入较多，发展较为成熟；粤东地区、粤西地区的自然教育基地刚起步，基地数量较少，人员投入也较少。

二是科研机构与学校里的教职工人员较多，自然保护地的基地数量较多，因此这两种类型基地的工作人员数量也较多。

三是基地依托的石漠公园仅有一个，且建设时间较短，所以此类型自然保护地的工作人员数量在 6 种类型中最少。

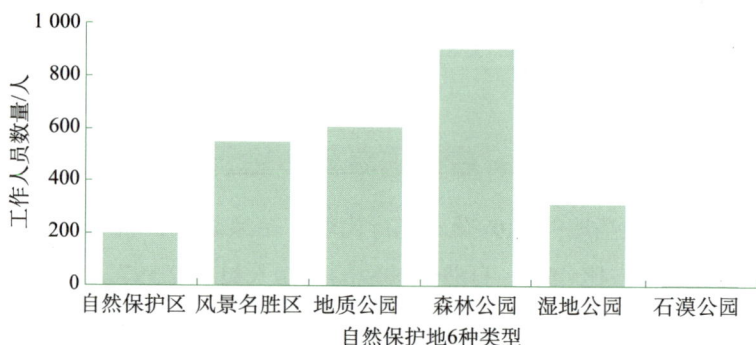

图4-9　自然保护地6种类型基地人员投入

⇒ 4.2.2　基地自然教育人员投入状况

当前，自然教育基地专职人员整体较少，但基本能满足现阶段自然教育板块的工作。根据基地专职人员的数量，可以分成如下四大类。

一是有稳定的、较多的专职人员，专职人员在 10 人或 10 人以上，如深圳华侨城国家湿地公园、广州海珠国家湿地公园、广州动物园、丹霞山世界地质公园、华南农业大学、树木公园、中国科学院华南植物园、广州市林业和园林科学研究院等。

二是有稳定的满足开展工作需要的专职人员，专职人员 3 ～ 9 人的，如梧桐山国家森林公园、福田红树林生态公园、盈香生态园、鼎湖山国家级自然保护区、车八岭国家级自然保护区、天井山国家森林公园等。

三是有稳定的专职人员，专职人员 1 ～ 2 人的，如深圳市梧桐山风景名胜区、深圳市仙湖植物园等。

四是没有稳定专职人员，自然教育工作由基地其他工作人员兼任的，如广州市流溪河国家森林公园、云浮林场、神光山国家森林公园、南岭国家级自然保护区等。

第 5 章

广东省自然教育基地生态产品价值实现的模式路径

5.1 基地生态产品价值实现的主要模式

⇒ 5.1.1 基地生态产品开发利用的主要方式

自然教育是广东省实施粤港澳大湾区绿色发展和建设美丽广东的重要举措。近年来,广东省以习近平生态文明思想为指导,牢固树立绿水青山就是金山银山理念,先行先试,以不断增进民生福祉为核心,构建教育机构＋自然保护地、公益组织＋产业服务两大跨行业生态圈,打造广东省自然教育基地、广东省林学会自然教育专业委员会、粤港澳自然教育联盟三大平台,推进自然教育工作走上规范化、系统化、科学化的发展道路。

（1）政府主导、社会支持、公众参与、社区共建

近年来,广东省的自然教育基地举办了粤港澳自然观鸟观蝶、自然笔记文化创作、中草药辨识,粤港澳大湾区自然教育季、粤港澳自然教育讲坛、粤港澳自然教育嘉年华、粤港澳自然观察大赛等品牌活动。活动通过邀请院士、专家授课,在各类植物园、湿地公园、森林公园、自然保护区、地质公园、国有林场、南粤古驿道等自然场所开展富含特色的公益活动,为粤港澳大湾区广大市民带来一场场以自然为师的生态教育。截至 2024 年,已涌现出以深圳、广州、韶关、惠州、东莞等区域为代表的辐射能力强、示范带动效果好的自然教育板块,并逐渐形成了政府主导、社会支持、公众参与、社区共建的良好发展格局。初步建立了一套科学规划、规范管理、责任清晰、保障安全的自然教育工作机制,自然教育活动走进校园、走进市民公众,初步形成共建共享机制,形成健康向上的自然教育发展体系。

（2）基地政府主导＋企业管理＋公众参与

深圳在全国开创了"政府主导、企业管理、公众参与"的创新管理模式,鼓

励和引导社会力量共同参与自然资源和生物多样性高水平保护，成立深圳山海连城自然教育联盟，加大生态文明理念宣传，树立尊重自然、顺应自然、保护自然的生态文明理念。积极鼓励多元化的社会参与，充分调动各有关社会组织、企事业单位、科研机构和专家、学者的积极性，形成政府支持、社会广泛参与、行业自律规范、资源共享的自然教育发展新格局。

（3）基地＋教育机构

通过内引外联、共建共享、交流合作等形式整合各类教育资源，广泛与区域教育部门达成共识，走进校园，提供专场定制（如"森林小侦探"等）自然教育系列活动。在 2019 年 7 月，来自华南师范大学国际商学院和广东财经大学统计与数学学院的学生参与了广东珠江口中华白海豚国家级自然保护区管理局提供的志愿培训、科普交流、创意设计等一系列暑期自然教育实践活动，并输出了一系列创意成果。

（4）基地＋企业

大岭山森林公园星野自然教育基地是由大岭山森林公园与广东东青研学教育有限公司合作建设的自然教育基地，致力于打造大湾区优秀独特的自然教育品牌。依托大岭山森林公园 74 平方千米丰富的自然资源、优美的生态环境、独特的森林生态系统，开展形式多样的校外实践课程、内容丰富的自然教育研学课程、新颖的"三生"教育课程、独特的体验式教育课程，提升学生综合素质，促进学生全面发展。

（5）事业单位＋民间团体协会

凝聚各类自然保护地（森林公园、湿地公园、地质公园）自然教育机构、专家团队、社会组织、志愿者团队等力量，形成自然教育事业共同体。

→ 5.1.2　基地生态产品利用模式分析

生态产品利用的主要模式有"生态旅游＋"模式、生态修复治理与增值模式、生态农业产业化模式、生态保护补偿模式、自然资源资产产权交易模式、生态资源指标和生态产权交易模式、碳汇交易模式等（表 5-1）。"生态旅游＋"模式，充分体现了场地丰富的资源环境和人文特色。

广东省自然教育基地生态产品价值实现模式主要有"生态旅游+"模式、生态修复治理与增值模式、生态农业产业化模式、生态保护补偿模式四大类。各类价值实现模式的占比为"生态旅游+自然教育"模式占35.9%、"生态旅游+文化传承+自然教育"模式占20.5%、"生态旅游+文化传承+自然教育+养殖产品"模式占10.3%、"生态旅游+文化传承+自然教育+文创产品"模式占12.8%、"生态旅游+林下经济"模式占7.7%、"生态旅游+自然教育+商业租赁"模式占30.8%、"生态修复治理与增值"模式占7.7%、"生态农业产业化"模式占7.7%、"生态保护补偿"模式占48.7%。多数基地同时存在两种或两种以上价值实现模式，但自然资源资产产权交易模式、碳汇交易模式、生态资源指标和生态产权交易等模式未实践。

结果显示，"生态旅游+"模式占了最大的比重，其次是"生态保护补偿"模式。这也体现出"我国当前主要依托生态保护区域建立自然教育基地，自然教育基地主要是政府投资，公众对生态红利的分享主要是生态旅游"的特点。"生态旅游+自然教育+商业租赁"模式占30.8%，拥有一个较高的比例，但自然教育基地的市场化和商业化水平较低。在自然教育基地内，当前市场化的商业导入主要做法是出租一定的空间做成商铺销售小商品、特产、饮料、小吃等；或在基地内摆放自动售货机，为游客提供便利。调研结果显示，有商业租赁的基地，都处于尝试阶段，不管是数量规模还是类型品质都相对初级，未充分体现基地的生态价值。

表5-1　基地生态产品利用模式

序号	模式	基地名称	模式使用占比/%
1	生态旅游+自然教育	高州市植物园、深圳市仙湖植物园、惠州市植物园、龙眼洞林场、云浮林场、树木公园、车八岭国家级自然保护区、陆河南万红锥林省级自然保护区、海陵岛红树林国家湿地公园、梧桐山国家森林公园、神光山国家森林公园、汕尾市国有黄羌林场、东莞市大屏嶂森林公园、连南万山朝王国家石漠公园	35.9
2	生态旅游+文化传承+自然教育	东莞市大岭山森林公园、粤赣古驿道连平段、华南农业大学、中国科学院华南植物园、中山市沙溪镇云汉小学自然探索园、丹霞山世界地质公园、西樵山风景名胜区、广州动物园	20.5

续表

序号	模式	基地名称	模式使用占比 / %
3	生态旅游 + 文化传承 + 自然教育 + 养殖产品	天井山国家森林公园、南岭国家级自然保护区、饶平青岚地质公园、鼎湖山国家级自然保护区	10.3
4	生态旅游 + 文化传承 + 自然教育 + 文创产品	新会小鸟天堂国家湿地公园、丹霞山世界地质公园、深圳市梧桐山风景区、深圳华侨城国家湿地公园、广州海珠国家湿地公园	12.8
5	生态旅游 + 林下经济	广州市流溪河国家森林公园、西樵山风景名胜区、丹霞山世界地质公园	7.7
6	生态旅游 + 自然教育 + 商业租赁	广州动物园、南岭国家级自然保护区、广州海珠国家湿地公园、丹霞山世界地质公园、广州花都宝桑园、盈香生态园、广州市流溪河国家森林公园、神光山国家森林公园、梧桐山国家森林公园、粤赣古驿道连平段、华南农业大学、中国科学院华南植物园	30.8
7	生态修复治理与增值	茂名市露天矿生态公园、广州海珠国家湿地公园、深圳华侨城国家湿地公园	7.7
8	生态农业产业化	广州花都宝桑园、广州一衣口田大自然教育基地、盈香生态园	7.7
9	生态保护补偿	深圳华侨城国家湿地公园、深圳市仙湖植物园、龙眼洞林场、云浮林场、南岭国家级自然保护区、深圳市梧桐山风景区、鼎湖山国家级自然保护区、车八岭国家级自然保护区、陆河南万红锥林省级自然保护区、西樵山风景名胜区、海陵岛红树林国家湿地公园、梧桐山国家森林公园、神光山国家森林公园、汕尾市国有黄羌林场、东莞市大屏嶂森林公园、广州市流溪河国家森林公园、丹霞山世界地质公园、天井山国家森林公园、东莞市大岭山森林公园	48.7
10	自然资源资产产权交易	—	—
11	碳汇交易	—	—
12	生态资源指标和生态产权交易	—	—

注：模式的设置主要考虑基地的利用方式、方法。

5.2 基地生态产品利用的主要路径

　　广东省自然教育基地生态产品利用包含"政府路径""市场路径""公益路径",以及由此衍生的"政府＋市场路径""政府＋公益路径""市场＋公益路径"6种路径(表5-2)。在这些基地的价值实现路径中,"政府路径"占33.3%、"政府＋市场路径"占43.6%、"市场路径"占7.7%、"政府＋公益路径"占7.7%、"市场＋公益路径"占2.6%、"政府＋市场＋公益路径"占2.6%。

　　由表5-2可以看出,"政府路径""政府＋市场路径"两种路径占了较大的比重。自然教育基地生态产品价值实现路径正好对应了其价值实现模式,体现了当前制度体系下,自然教育基地建设的政府主导机制。

表 5-2　基地生态产品利用路径

序号	路径	基地名称	路径使用占比 / %
1	政府	深圳市梧桐山风景区、珠江口中华白海豚国家级自然保护区、车八岭国家级自然保护区、雷州珍稀海洋生物国家级自然保护区、陆河南万红锥林省级自然保护区、惠州市植物园、云浮林场、汕尾市国有黄羌林场、东莞市大屏嶂森林公园、树木公园、广州市林业和园林科学研究院、中山市沙溪镇云汉小学自然探索园、茂名市露天矿生态公园	33.3
2	政府＋市场	东莞市大岭山森林公园、中国科学院华南植物园、饶平青岚地质公园、梧桐山国家森林公园、龙眼洞林场、广州市流溪河国家森林公园、鼎湖山国家级自然保护区、西樵山风景名胜区、丹霞山世界地质公园、高州市植物园、广州动物园、深圳市仙湖植物园、天井山国家森林公园、新会小鸟天堂国家湿地公园、神光山国家森林公园、南岭国家级自然保护区、粤赣古驿道连平段、连南万山朝王国家石漠公园	43.6
3	市场	盈香生态园、广州花都宝桑园、广州一衣口田大自然教育基地	7.7

续表

序号	路径	基地名称	路径使用占比 / %
4	公益	—	—
5	政府＋公益	海陵岛红树林国家湿地公园、广州海珠国家湿地公园、华南农业大学	7.7
6	市场＋公益	深圳华侨城国家湿地公园	2.6
7	政府＋市场＋公益	福田红树林生态公园	2.6

注：路径设置主要考虑基地的资金来源渠道。（1）政府路径，基地资金主要来源于政府管理部门；（2）市场路径，基地资金主要来源于企业；（3）政府＋市场路径，基地资金主要来源于政府管理部门和企业；（4）公益路径，基地资金主要来源于公益组织或社会捐赠；（5）政府＋公益路径，基地资金主要来源于政府管理部门、公益组织或社会捐赠；（6）市场＋公益路径，基地资金主要来源于企业、公益组织或社会捐赠；（7）政府＋市场＋公益路径，基地资金主要来源于政府、企业、公益组织或社会捐赠等。

第 6 章

广东省自然教育基地生态产品价值实现的形势分析

6.1　存在的主要问题

⇒ 6.1.1　基地运行管理存在的问题

（1）规划的指导性作用未充分发挥

根据自然教育基地建设有关标准导则，各基地应编制发展规划。调研发现，经济条件较好、基础较为扎实的基地（如丹霞山世界地质公园、广州海珠国家湿地公园、华南国家植物园、深圳华侨城国家湿地公园、树木公园等）较为重视规划的指导性作用。

虽然各基地均已编制相应的建设规划，但对自然教育基地理解认知的差异和经济条件的限制，使各基地对建设规划的重视程度存在较大的差异。主要问题包括：对基地建设规划认识不到位；基地受到资金条件的限制；规划的编制停留在完成任务阶段；规划编制完成后，落实执行力不强；把自然教育基地当作市政公园看待。

（2）区域发展不平衡

广州、深圳、佛山、韶关等地自然教育基地数量占全省的 43%，基地的基础设施、人才队伍建设、课程设置、运营管理等方面走在前列。粤东地区、粤西地区的自然教育基地建设处于起步阶段，尚有较大的提升发展空间。

（3）基地建设管理不到位

部分自然教育基地存在重建设轻利用、管理水平较低等情况，主要问题包括：管理制度不规范；后期投入和管理不够；管理部门、组织架构不完善；人员投入不足或仅由单位的工作人员兼任；咨询、预约、投诉处理体系不完善；基地设施的利用效率不高；活动设计、设施维护、访客管理不完善；部分基地因各种原因未能有效承担自然教育任务，未能系统进行基地运营。

（4）从业人员管理不规范

从业人员管理包括两个方面，一是基地专职工作人员，二是导赏员。针对基地专职工作人员，多数自然教育基地制定了从业人员绩效考核、激励引导机制、考评机制、横向交流协作机制等，但执行不到位，不能有效调动内部人员的积极性；基地专职工作人员薪酬明显低于同类行业人员薪酬，也明显低于当前的经济发展水平。针对导赏员，各基地均有不同数量的导赏员培训名额，累计培养了一大批导赏员，为我国自然教育事业的发展作出了积极贡献，但对导赏员的管理没有统一的标准，当前管理相对混乱。

（5）合作交流机制不完善

部分自然教育基地的建设刚刚起步，自然教育基地尚未与关联的事业单位、社会组织、学校、科研院所、研学机构、民间团体协会等单位建立长期合作关系，自然教育活动仍停留在传统的活动模式，在自然教育模式、路径、机制等方面创新性不足，在基地管理上也不到位，"引进来""走出去"的交流机制不完善。

（6）建设管理资金不足

作为我国生态文明建设的重要组成部分之一，自然教育基地建设日益引起相关部门的关注和重视。然而，自然教育基地建设的现实资金需求与资金投入明显不匹配。除一些发展较好的基地外，许多自然教育基地建设管理的资金缺口大，甚至经费预算难以纳入部门年度预算。

⇒ 6.1.2 生态产品价值实现存在的问题

（1）对生态产品认识不足

虽然我国 2010 年已提出生态产品的概念，但有关生态产品价值实现工作近年来才引起业界关注和重视。广东省于 2022 年 11 月才印发《广东省建立健全生态产品价值实现机制的实施方案》。生态产品的名词概念提出在前，而对生态产品的认知又滞后于政策发展的需求，也明显滞后于实践工作的需要。

自然教育基地在运行过程中，生态产品价值实现正处于起步阶段，各基地对生态产品的认识不足。一是没有充分认识到生态产品价值实现的重大意义；二是生态产品价值实现工作还处于"等靠要"阶段，不想开展或不敢开展；三是不清楚基地里有哪些生态产品、该如何利用和开发生态产品；四是把生态产品价值实现程度低完全归咎于体制机制的约束等。

（2）生态产品开发利用有限

广东省自然教育基地资源环境条件较好，生态产品相对丰富。目前，基地开发利用生态产品主要依托基地生态空间开展生态旅游，林下经济、森林康养、生态农业开展较少，农产品、林产品、牧产品、渔产品、淡水资源、生物质等物质产品尚可深度挖掘，水源涵养、固碳增汇、气候调节等调节服务产品以及景观增值等文化服务相关产品尚未开发。依托这些生态产品开发衍生出来的产品则更少。

（3）生态产品价值实现的模式路径单一

广东省自然教育基地生态产品价值实现的模式主要为"生态旅游+"和"生态保护补偿"，主要路径为"政府路径"和"政府+市场路径"，还是传统的政府主导的模式路径。虽然也有其他模式路径，但占比极低，且处于探索起步阶段，生态产品经营开发缺乏有效的市场机制和价值实现模式路径，不利于生态产品价值实现。

6.2 存在的主要压力与挑战

⇒ 6.2.1 主要压力

（1）生态产品供给侧提质增效压力大

近年来，我国通过实施"三区三线"划定管理，在空间上保障了各类资源的面积数量，维系了区域的生态安全。调研结果显示，多数自然教育基地属于"三区三线"中的生态保护红线，自然教育基地大多属于城镇空间，部分属于农业空间。经过山水林田湖草沙一体化生态保护修复工程项目的实施，森林、草地、湿地、农田、淡水、海洋等生态系统质量得到较大的提升，实现了第一阶段发展目标，生态文明建设取得了明显的成效，坚持"绿水青山就是金山银山"理念也成为新时代十年的伟大成就之一，在党的二十大报告中得以凸显。

我们也要看到，绿水青山生态质量仍然有较大的提升空间。由于各地经济社会发展的不平衡，各地的生态质量存在不同程度的差异，并且需要提升的生态质量的问题和难度也更大。许多问题与产权改革、有偿使用、效益分配、地区发展、产业设计、生态健康有关，需要系统性、整体性和综合性地进行考虑。这里既有自然生态的问题，也有人工环境的问题；既有生态产业化的问题，也有产业生态化的问题；既是整体生态环境的问题，也是自然教育基地生态产品价值化面临的质量提升问题。这些问题的解决面临较大的压力。

（2）生态产品开发利用资金缺口大

自然教育基地运行过程生态产品开发利用需要大量资金做支撑。资金使用主要包括以下 4 个方面：一是基地绿水青山的保护修复与提质增效资金。2013 年以来，基地生态保护修复取得了明显成效，下一阶段基地的绿水青山提质增效、固碳增汇工作均需要大量资金。二是生态产品开发利用需要大量资金。挖掘绿水青山的生态产品价值难度较大，不仅需要进行较多的科技攻关，也需要较多的科技经费支撑。三是虚拟生态系统服务价值的实现需要以一定的物质为载体，开展生态产品设计也需要大量经费。四是基地生态产品价值实现需要相应的经费来运行管理。这些方面目前缺少经费支持，要推动基地生态产品价值实现，资金缺口压力较大。

（3）生态产品价值实现受制于体制机制的约束

广东省 135 个自然教育基地中包括林场、森林公园、风景名胜区、地质公园、动植物园、学校、科研机构、企业等，大部分为公益类事业单位，而且是一类事业单位。根据我国现行一类事业单位收支两条线管理制度，即使工作人员对生态产品价值实现非常感兴趣，利用生态产品创造收益的动力也仍显不足，现行体制机制制约了基地生态产品价值实现工作的开展。

⇒ 6.2.2　相关挑战

（1）如何提高基地生态产品价值的认识和感知

目前，我国和广东省生态产品价值实现方案均已印发实施，有关生态产品的工作将得到持续落实，生态产品的概念也必将被大家熟悉。然而，推动生态产品价值实现需要对具有深刻且全面的了解。生态产品价值要实现，就要知道有哪些生态产品、生态产品有哪些价值、生态产品价值为多少、生态产品价值来自哪里、生态产品价值流向何方、生态产品价值如何流通和循环、生态产品如何消费等。只有弄懂了这些问题才有助于提高对生态产品价值的认识和感知，为生态产品价值实现奠定基础，但如何弄懂这些问题是一大挑战。这些问题也是自然教育基地运行过程生态产品价值实现必须解决的问题，这些问题的解决才能更有利于了解和感知基地运行过程生态产品价值实现。

（2）如何协同自然资源资产产权改革与生态产品价值实现

自然教育基地生态产品价值实现的第二个挑战点是如何协同自然资源资产产权改革与生态产品价值实现，通过自然资源资产产权改革及其相关机制创新促进基地生态产品价值实现。给政策与给资金、给工程同样重要。基地生态产品价值实现的路径（包括"政府路径""市场路径""公益路径""政府＋市场路径""政府＋公益路径"）都是在政府主导下推动的生态产品价值实现路径，其价值实现模式基本与自然资源资产产权改革有关。

在统筹推进当前工作的基础上，协同降碳、减污、扩绿和增长，在试验过程中突破自然资源资产产权管理原有的一些规章制度和传统做法，鼓励关键政策和机制创新，激发政府、市场、公益基金、管理人员、公众参与基地生态产品价值实现的热情、积极性和创造性。各基地具有不同的地形地貌特征、资源环境特点，应因地制宜，在自然资源资产产权统筹协同、创新突破上做文章，为基地生态产品价值实现扫除障碍。

（3）如何挖掘基地生态产品价值实现潜力

生态产品价值不管开发与否，均蕴含于基地的绿水青山中，具有较大的发展潜力。如何在"省负总责、市（县）抓落实"的生态产品价值实现总体要求下挖掘基地生态产品价值实现潜力，是基地生态产品价值实现的关键和重点。

一方面，多数基地依托现行的生态资源管理部门开展工作，为此基地生态产品价值实现工作与依托单位的日常管理工作应紧密结合，形成合力，避免因日常工作开展而影响基地工作开展。另一方面，基地生态产品价值实现属于新的领域，需要生态、资源、环境、信息、装备、监测、科技、经济、政策、法律等领域的专业人才协同攻关，才能突破生态产品价值实现过程中的技术"瓶颈"和政策机制，为其潜力挖掘奠定基础。

6.3 面临的机遇与形势

⇒ 6.3.1 相关发展政策

近年来，我国和广东省先后印发了系列与自然教育基地运行过程中生态产品价值实现有关的政策（例如，党的二十大报告、自然教育基地建设政策，生物多样性许可经营政策，碳达峰、碳中和政策，生态产品价值实现政策等），为生态产品价值实现提供了政策保障。

（1）自然教育基地建设的政策需求与保障

2019 年，《国家林业和草原局关于充分发挥各类自然保护地社会功能大力开展自然教育工作的通知》（林科发〔2019〕34 号）指出"自然教育是建设生态文明的重要抓手"。2021 年 10 月，广东省人民政府印发的《广东省生态文明建设"十四五"规划》指出"探索生态产品价值实现机制"和"推进自然教育，加强自然教育基地建设"。这些政策为自然教育基地建设提供了政策需求保障。

（2）生物多样性许可经营的政策需求与保障

2021 年 10 月，中共中央办公厅、国务院办公厅印发的《关于进一步加强生物多样性保护的意见》指出，"规范生物多样性友好型经营活动……制定自然保护地控制区经营性项目特许经营管理办法，鼓励原住居民参与特许经营活动，在适当区域开展自然教育、生态旅游和康养等活动，构建高品质、多样化生态产品体系"。基地内生物多样性丰富，该政策为基地的生物多样性特许经营奠定了基础。

（3）碳达峰、碳中和的政策需求与保障

2020 年 9 月，中国明确提出 2030 年前"碳达峰"与 2060 年前"碳中和"目标。2021 年 10 月，《中共中央　国务院关于完整准确全面贯彻新发展理念做好碳达峰碳中和工作的意见》印发，要求做好碳达峰、碳中和工作。2022 年 7 月，《中共广东省委　广东省人民政府关于完整准确全面贯彻新发展理念推进碳达峰碳中和工作的实施意见》发布，提出了广东省贯彻落实碳达峰、碳中和工作的总体要求和重点任务。碳达峰、碳中和政策的制定为基地运行过程中碳达峰、碳中和的实现提供了指导和方向。

（4）生态产品价值实现的政策需求与保障

2021 年 4 月，中共中央办公厅、国务院办公厅印发了《关于建立健全生态产品价值实现机制的意见》，要求建立健全生态产品价值实现机制。2022 年 11 月，广东省印发《广东省人民政府办公厅关于印发广东省建立健全生态产品价值实现机制实施方案的通知》，明确广东省生态产品价值实现的总体要求和重点任务，为基地运行过程中生态产品价值实现提供了指导与方向。

（5）践行绿水青山就是金山银山理念的重要行动

2022 年 10 月，党的二十大报告将"坚持绿水青山就是金山银山理念"作为新时代十年的伟大成就之一予以充分肯定。面向"全面迈上建设社会主义现代化国家新征程、向第二个百年奋斗目标进军的关键时刻"，报告又强调"必须牢固树立和践行绿水青山就是金山银山理念，站在人与自然和谐共生的高度谋划发展"。基地运行过程中生态产品价值实现正是践行绿水青山就是金山银山理念的重要行动。

⇒ 6.3.2 整体经济发展形势

当前，全球通胀压力剧增，供应链危机、能源危机、俄乌冲突等问题掣肘世界经济复苏步伐，全球经济受新冠疫情影响冲击，复苏缓慢。

我国经济面临的风险、挑战、困难和压力是多方面的、复杂的，既要应对美国遏制围堵、世界经济增长放缓而通胀高企等诸多外部因素的挑战，也要解决内需不足、预期转弱、风险累积等内部的矛盾和问题。从世界范围来看，我国供给体系完善、国内市场巨大、人力资本充沛、科技实力不断增强、营商环境不断优化、宏观调控有力有效等优势条件依然突出，经济活力和韧性依然比较足，经济持续向好。在需求不振、出口减缓等诸多挑战情形下，2023年我国GDP和广东省地区生产总值增长超出了5%，实现了良好的预期。以创新科技为导向的新质生产力将加快中国经济复苏的步伐，走出经济低谷，迈向经济的快速发展。持续向好的经济社会发展形势为广东省自然教育基地生态产品价值实现奠定了经济基础。

⇒ 6.3.3 公众对自然教育的需求

根据第七次全国人口普查结果，全国居住在城镇的人口有9亿多，占总人口的63.89%，较第六次全国人口普查结果上升了14.21个百分点。随着城市化进程加快，经济发展更为迅速、物质生活更为丰富的同时，环境压力、自然缺失症等挑战可能会更加严峻，城市儿童需要在日常的生活场景中建立与自然的联结，城市将成为自然教育的"主战场"，公众对自然教育的需求持续增长。

自2018年以来，广东省举办粤港澳自然教育讲坛、自然观察大赛等活动近2.37万场次，累计476.5万人次参与了自然教育活动。2020年，粤港澳自然教育季活动期间，全省联动开展自然教育活动数百场，参与人数近百万，影响深远，社会关注度高。2023年7月，为期3天的中国自然教育大会在广州召开，共吸引亲子家庭、中小学生、市民约4.06万人参加。

近年来，自然教育在我国蓬勃发展，我国社会主要矛盾也已经转化为人民日益增长的美好生活需要和不平衡不充分的发展之间的矛盾，人与自然如何和谐共生成为全世界关注的话题，百姓对自然教育的品质要求更高，更希望有高品质的自然教育基地、特色课程等。

第 7 章 >

广东省自然教育基地运行过程生态产品价值实现的创新模式

7.1 保护修复与保值增值创新模式

⇒ 7.1.1 一体化保护修复模式

（1）通过生态保护修复促进绿色发展

"生态修复及价值外溢模式"是基地生态产品价值实现的重要模式之一，生态修复是价值外溢的前提和基础。自然教育的发展需要良好的自然资源环境本底基础，生态修复可扩大生态系统的绿量、改善生态系统结构、提高生物多样性，为自然教育提供更多的生态产品，促进价值外溢和增长。

党的二十大报告指出，要推动绿色发展，促进人与自然和谐共生。实施山水林田湖草沙生态保护修复工程。在推动基地保护修复过程中，应落实系统思维，统筹山水林田湖草沙一体化保护修复，统筹陆地、海洋和湿地，统筹岸上、水面和水下，统筹生态保护修复及其周边地区可持续发展，充分认识到修复是为了更好地保护，保护的最终目的是促进人与自然和谐共生。

（2）因地制宜开展生态保护修复

根据广东省现有自然教育基地资源现状及立地条件，结合广东省社会经济发展及近年来自然教育基地保护修复经验，广东省自然教育基地生态保护修复主要模式包括矿山生态修复、红树林生态修复、河口生态修复、滩涂湿地生态修复、内陆湿地生态修复、河流污染治理与生态修复、全域土地综合整治、土地综合开发模式、小流域综合治理、特色土壤修复、城市生态空间提质增效、林相改造与生物防治等。

在对各基地进行生态恢复时，应因地制宜采取以保护保育、自然恢复、辅助再生或生态重建为主的保护修复技术模式，提升生态系统的多样性、稳定性、持续性。这 4 种方法单独使用或组合使用的效果需要持续跟踪监测并优化调整，直到实现生态系统服务功能的恢复。在进行生态修复的同时，落实"生物多样性保护＋自然教育"理念，探索生物多样性保护与自然教育相结合的产学研新思路，在青山绿水间实现人与自然和谐共生。

在推进基地一体化生态保护修复基础上，差异化设计生态产品，因地制宜推进资源占补平衡指标交易、地票交易、森林覆盖率指标交易等资源环境指标交易模式。

⇒ 7.1.2　可持续绿色发展模式

（1）提升环境基础设施建设水平

自然教育是广东省实施粤港澳大湾区绿色发展和建设美丽广东的重要举措，可为公众提供更优质的绿色生态福利和"与自然对话"平台。

在基地建设过程中，除要加强生态保护修复，提升生态环境质量外，还应提升环境基础设施建设水平。基地通过环境基础设施建设，为"绿水青山"端生态产品价值实现奠定基础。

基地内场地利用和设施建设要因地制宜，在避免破坏自然环境的同时降低建设成本。自然教育示范径设计的首要原则是不破坏基地环境，与自然环境相融合。基地自然教育步道中的解说设施所需场地普遍较小，应因地制宜地进行设计，在保护本地特色与自然风貌的同时节省建设成本；同时，也应考虑易于维护和更新，便于运营维护与推广复制。粤港澳大湾区、粤东、粤西、粤北地区基地的基础设施建设既要节约，也要体现绿色生态理念，还要凸显地区经济发展水平、提升改善方向和区域文化特色，同时要兼顾基地所在区域及其周边的人居环境建设，彰显时代特色。

（2）设计完整的自然教育示范径

自然教育示范径的设计不是单纯的解说牌设计，而是包含完整生态旅游功能的产品体系，主要包括动植物资源与生态系统的自导解说、自然观察、森林健身、森林／滨水游憩，以及具有开展自然教育功能的休闲设施配套，自然体验教育活动的组织、课程的开发等，从亲近自然、学习知识、运动健身、休闲游乐等多方面实现游客生态旅游价值需求。通过完整的自然教育示范径的设计，推动生态产品价值实现。

7.2 运行管理创新模式

⇒ 7.2.1 基地机制创新激活模式

深入推进基地自然资源资产产权改革，在保护资源环境的基础上，持续推动基地提质增效，盘活基地的经营权和使用权，推动林权或水权交易或特许经营工作开展。

（1）实施基地碳达峰、碳中和行动

落实我国和广东省碳达峰、碳中和战略，积极稳妥推进碳达峰、碳中和行动，持续提升生态系统碳汇能力。在珠三角地区、粤东地区、粤西地区、粤北地区进行调研筛选，分析各基地碳达峰、碳中和的可能性与可行性，探索形成以基地为依托的碳中和产品。开展以基地为依托的碳产品设计，开展碳核算，启动基地碳交易试点。将林业碳汇产品作为碳排放权市场的交易标的之一，将企业纳入控制碳排放范围，促进林业碳汇交易。选择条件成熟的基地开展林业碳汇贷款，开发以林业碳汇收益权质押的"碳汇贷"等绿色金融产品，以碳汇项目的预期收益为信用基础进行贷款，促进林业碳汇产品的价值实现。

（2）生物多样性许可经营

在保护生物多样性的基础上，加大基地生物多样性友好型经营活动尝试。大力推动基地特有野生生物资源人工繁育培育利用、生物质转化利用、农作物和林业草原病虫害绿色防控等绿色产业。进一步扩大基地生物多样性保护与乡村振兴相协同的示范技术、创新机制等应用范围。探索基地控制区经营性项目特许经营试点，鼓励原住居民参与特许经营活动，建立自然学校、康养基地、游学路线和休闲节点，多渠道差异化建立生态产品价值实现路径，提高社区与基地共建、共享经济效益、社会效益和生态效益。

（3）推进基地涉水产业发展

鼓励有条件的基地，尤其是粤东地区、粤西地区、粤北地区的基地开展水资源资产产权流转、统一进行系统性的产业规划和开发运营，推动形成绿色发展的水生态产品全产业链。建立水生态银行，储备与水资源有关的水库所有权、水域经营权等。打造具有地域特色的水生态品牌，谋划推进矿泉水、纯净水生产加工及配套产业项目建设。将自然教育与水生态品牌、水资源资产开发利用相结合，建设打造漂流、垂钓基地、研学基地、沿河环湖慢行系统等精品设施建设，通过开展系列有益的活动，扩大基地知名度。

⇒ 7.2.2 基地人才培养管理创新模式

目前，广东省自然教育发展快而不稳，存在缺乏立法与规范、专业机构规模小、专业人才不足等现实问题。尤其是在人才建设方面，不仅高端研究型专业人才极度缺乏，一般从业人员也大多缺乏专业基础和教育背景。虽然有部分自然教育机构探索建立自己的人才培训体系，但暂未形成规模可供推广复制。为此，必须加强规范制定的顶层设计，大力推进自然教育行业标准、指南、规范等制定，进一步优化人才结构布局，完善教育培训体系。

主要包括以下 5 个方面：一是积极"走出去"，参加各类高含金量的自然教育培训。二是积极"引进来"，与业内知名自然教育高校、社会组织、非政府组织（NGO）、基金会等沟通交流，向行业前辈取经学习，并邀请业内知名专家教授实地指导，为基地自然教育工作提出建设性的意见和建议。三是提升行业发展孵化力，开展自然教育培训班，搭建行业发展培训平台。四是加强同政府各部门沟通协作，在全国率先启动自然教育导师的新职业申报工作，推动自然教育工作向职业化方向发展，建立自然教育人才的培养和认证体系，使人才成为广东省自然教育长远发展的重要力量源泉。五是将自然教育工作纳入绩效考核范畴，建立科学、全面的考核管理体系，把岗位职责、工作任务、工作完成情况结合起来，作为考核的评价要素。同时，要把考核结果与薪资调整、岗位晋升等方面结合起来，激发争优意识，充分调动自然教育从业人员的工作积极性。

⇒ 7.2.3　自然教育社会服务标准化模式

2022 年 5 月，广东省林学会组织起草的《自然教育基地建设指引》《自然教育基地标识设置指引》《自然教育课程设计指引》《自然教育基地讲解服务指引》4 项团体标准同步发布实施。这 4 项标准针对广东省自然教育基地建设的主要内容、服务标准等提出了推荐性技术指引，成为广东省首套发布的自然教育团体标准。这 4 项团体标准包含自然教育基地的建设原则、选址条件、建设类型、配套设施、人才队伍、课程、产品、运营与管理等要求，并细化了标识系统、人才队伍、讲解服务等核心板块，为构建专业、规范、高效、特色的广东省自然教育基地提供了重要支撑。

7.3　价值转化创新模式

⇒ 7.3.1　基地内价值转化模式

（1）增强基础设施的集成化改造，实现自然教育基地资源产品的有效供给

加强游客中心的改建，将问询处、志愿者服务站、花卉文创产品展销及休息区等功能叠加，让游客入园如回家，享受娱乐与学习、休闲与购物的一站式服务；增强景区周边的休憩功能，可将大草坪闲置建筑改造成书吧、茶室或咖啡厅，突出造景、观景功能，明确商品主题与植物、动物、自然生态的关系；定期举办自然沙龙，提升科学品位和文化内涵；建立遮风避雨的室内就餐场所；与专业研学团队开展合作，共享科普导师，提升市场运营和课程销售，承接大规模研学活动。植物景观在按传统分类园区设置的基础上，考虑按游览人群打造展示形式多样的主题园区。例如，以儿童娱乐为主的乐园风光区，以成人崇尚自然为主的野趣休闲区，以老人注重康养为主的保健养生区，按需分类提供互动产品，实

现有效科普。

（2）农林旅产业联动，彰显"绿水青山就是金山银山"

结合基地管理、监测、森林防火、自然教育、生态旅游、居民生产等需求，大力推进"产业生态化""生态产业化"，发展森林旅游与规模化农林经济产业，农林旅产业联动，使产业发展协同生态与景观的需求，提升产业空间与生态、生活空间之间的融合度。

采取以"公司＋农户"为主导的适度规模经营模式，统筹管理基地内承包经营土地，通过产业与景观生态结合，规模化发展精品森林花卉、优质特色热带水果等特色农林经济产业。例如，以流溪河国家森林公园 3 000 多亩梅林为基础打造的"流溪梅花节"已成为流溪河国家森林公园最具知名度的文旅 IP。

⇒ 7.3.2　基地价值外溢模式

（1）优化基地内生产生活空间，实现集约高效

自然教育基地内社区、村落等生活空间的优化要与基地自然教育服务、旅游服务、资源管理相结合，持续完善基地内保护管理和旅游接待设施。可发展民宿、艺术文化创作基地、康养基地以及竹艺、青梅、花卉盆景、旅游商品加工销售等特色服务产业，以提升生活空间内的土地利用效率，使单一的居住空间向自然教育服务接待、旅游服务、保护管理、休憩娱乐、生态宜居、特色产业等多功能空间转变，促进基地内康养休闲产业的发展。

（2）开展基地生态产品价值外溢探索研究

基地在充分考虑内部居民的同时，还应与其周边社区建立诚信和协作的关系，辐射带动周边社区协同发展。基地及其周边社区应做到资源共管、利益共享，增强基地大家庭的凝聚力，使基地发展方向与建设管理者以及居民认识、社会需求相协调。

从广东省 135 个自然教育基地来看，自然教育基地是资源环境较好的区域。在保护修复基地的同时，应充分利用基地资源优势推动基地生态价值外溢。一是

要调查评估基地外围经济社会发展现状，诊断基地外围存在的问题和发展"瓶颈"；二是要研究基地外围对基地的影响依赖程度及其影响方式；三是要探索基地生态产品价值外溢模式路径，建立生态产品价值外溢扩散模型，设计生态产品外溢辐射半径；四是要厘清影响生态产品价值外溢的主要驱动因素，开展生态产品价值外溢风险监测预警与调控；五是要提出基于基地价值外溢模型的生态产品价值实现方案。

（3）区域共享，突出差异化和特色化发展

突破行政地域界限，内外联动，上下联动，制订全域自然教育发展规划。通过区域联动，合作组建自然教育线路，共享公共服务设施及客源，实现由点向线再向面的转变，形成优势互补、相互促进、共同发展的新格局。

广东省自然教育基地遍及珠三角地区、粤东地区、粤西地区、粤北地区，各区域经济发展水平、社会文化、资源环境均有较大的差异，因此，各地要紧扣自身资源环境特色，不仅在基地内外要共享发展，珠三角地区、粤东地区、粤西地区、粤北地区的基地与基地之间也要共享发展，取长补短，推动生态产品价值外溢。

差异化、特色化达到资源共享、利益共享、相互关联、相互带动，避免同质化自然教育产品，减少区域竞争，避免造成资源浪费，尤其是公共服务设施的资源浪费。

⇒ 7.3.3 生态产品开发经营模式

（1）自然教育活动覆盖全年龄段

据调查，参加自然教育活动的群体主要以有孩子的家庭为主，自然教育活动也以研学和亲子游为主，并没有覆盖全年龄段的需求。不带孩子的成年人与夫妻来基地就是看看风景、拍拍照，老年人更是极少获取到有用的健康养生科普信息。因此，在自然教育课程设计中，应在原有基础上对各年龄段群体的自然教育产品比例进行适当调整，内容应适当拓展，并在产品设计中加入健康养生相关知识。针对亲子的自然教育产品可设计互动性较强的活动环节，让父母与孩子共同参与其中。

（2）以特色资源为主打造多样化自然教育课程

以基地特色资源为主，打造多样化的自然教育课程。在精品特色课程、常态化课程、夏令营和冬令营课程、与校本课程结合的自然教育课程、研学课程、专业培训课程及网课等课程设计中进行差异化、特色化设计。

在自然教育活动开展中，可有以下几种类型：①自然体验类，如户外自然读书会、自然游憩等；②自然观察类，如生物多样性调查等；③自然比赛类，如植物认知大赛、观鸟大赛等；④自然农耕类，如民俗体验、种植体验、收割体验、酿制体验、食材加工制作体验等；⑤户外拓展类，如徒步、探险、户外生存等；⑥讲座论坛类，如各类自然教育讲座、论坛等；⑦节事活动类，如湿地日、爱鸟日、环境日、植树节等；⑧志愿培训类，如志愿者培训、导师培训等；⑨自然科学类，如室内场景化模拟课堂、智能化声光场景展示等；⑩线上直播类，为热爱自然的公众提供线上自然教育的可能等。

（3）注重配套文创产品的推广和销售

基地的特色在于其生态环境和自然资源，其中也有部分文化资源，目前文创产品以画册、邮折、书籍和环保袋为主，尚未充分发挥基地的功能价值，也不能借此充分激发人们对基地的关心和热爱。实际上，基地周边尚有极大的拓展延伸空间，包括除动物、植物和生态景观之外的艺术、美学、陶艺、泥塑、文化等。当前的案例也能说明，在基地生态产品价值实现过程中，文创产品设计不仅可以依托基地内的自然资源和文化资源，也可以依托基地外的资源。

此外，在基地建设和推广过程中，还可适度引入高端公益企业、公益人物进行文创产品设计，开发出符合现代审美且实用价值高的自然教育产品，体现生物多样性保护、热爱自然、节约资源、减碳增汇等绿色低碳发展理念。

（4）优化自然教育社会服务

自然教育之家、自然教育径、自然教育标识系统的建设应遵从合理性、安全性、生态性、观赏性与科普性。自然教育之家的建设应秉持最小化干预的理念进行，尽量在原有场地内改造完成。利用森林步道和优质种质资源区域打造自然教育户外活动场地。自然教育径的建设可设置户外科普长廊、植物识别径、观鸟径、观花径、观虫径及以环保为主题的零废弃小径等主题线路，也可设置五感体验径，带给游览者充分的感官体验，逐步建设能够满足不同层次人群需求的森林小径，如科普小径、生态小径、亲子小径、健足径等，同时做好安全与风险管控。自然教育标识牌应包括综合信息导览牌、主题知识点标识牌、单体自然物标注牌、道路导向指示牌、警示关怀牌、互动体验型装置等各种类型，为向导式自然教育课程及活动的开展提供辅助学习。

（5）注重自然教育人才培养

在人才队伍建设上培养基地内部工作人员，打造自然教育导师团队和自然教育志愿团队。培养基地内自然教育专业人才作为基地发展的后备力量，包括经营与服务人才、技工人才、科研人才、课程开发人才等。通过内部工作人员培养、外部机构进驻基地、与合作中小学进行学科导师接洽、周边区域本土自然教育爱好者培养为自然教育达人等多种方式打造自然教育导师团队。对志愿者进行分类培养与考核，包括普通志愿者、自然教育专类志愿者、家庭志愿者及小小志愿者。在完成专业人才的吸纳招揽后应定期进行自然教育相关培训，重点提高相关人员的课程设计能力、活动组织能力、授课能力、后勤安排能力、宣传招募能力及应急能力，全方位提升自然教育工作人员的综合素质。此外，强化自然教育导赏员的职业素养、履约能力和契约精神，推动导赏员职业化发展。

（6）高质量运营管理基地

基地的管理运营，首先是立足资源特色，打造基地亮点增强吸引。例如，以深圳沙头角林场、茂名森林公园、广州华南植物园为代表的森林植物自然教育径，根据自身森林资源特色设计了奇趣森林探秘、森林康养体验、森林自然游憩、森林手工步道等自然教育特色主题，深受青少年欢迎。其次是基地主导运行，统筹多方协助形成合力。例如，深圳华侨城湿地、广州海珠湿地、韶关丹霞山等自然教育基地，利用特色资源，联合各社会机构，联动开展自然教育季活动，内容丰富、特色鲜明，受到市民特别是青少年的热捧。再次是把握好基地定位，洞悉服务对象内在需求，提升基地服务品质。最后是打造基地品牌，孵化创新产业，实现互利共赢。

第 8 章 >

广东省林场类自然教育基地生态产品价值实现

8.1 沙头角林场自然教育基地生态产品价值实现

⇒ 8.1.1 案例背景

2019 年，沙头角林场自然教育基地（以下简称沙头角林场）通过广东省林业局命名挂牌成立，依托沙头角林场开展建设工作。沙头角林场（广东沙头角林场管理处）是广东省林业局直属的公益一类事业单位，位于深圳市盐田区沙头角梧桐路 2002 号，距深圳市区 10 千米，南临大鹏湾，东与国际四大港口之一的盐田港及著名旅游热点大小梅沙海滨公园相连，西接中英街，与香港新界仅一隅之隔，公园总面积 1 933.3 公顷。梧桐山历史悠久，明清时期，"梧岭天池"被誉为"新安八景"之一，如今"梧桐烟云"以其特有魅力荣膺"深圳八景"之列。

1980 年，位于广东省深圳市的沙头角林场成立，为探索建设森林公园，1981 年 12 月，经省编委批准建立的沙头角海山森林公园（又名沙头角林场）拉开了广东森林公园建设的序幕。2009 年，沙头角林场被国务院列为国家级风景名胜区，是广东省首个也是深圳市目前唯一的国家级森林公园，拥有珍贵的原生态环境，保护着丰富的生物多样性，森林植被资源丰富，以常绿阔叶林为主，森林覆盖率达 94.74%，是深港生态廊道的重要组成部分。

自 2016 年起，广东沙头角林场率先在全国国有林场开展自然教育工作，基地依托独特的自然资源和地缘优势，通过林场独创的"走出去""引进来"教育模式，倡导"无痕山林"生态保护理念，创新"生态保护和产业发展共生共荣"的现代林业可持续发展模式，通过生态环境提升、文化服务、调节服务实现生态产品利用，多次入选国家级和省级自然教育优秀案例，为广东省各市（县）自然教育基地的生态产品价值实现起到示范作用。

⇒ 8.1.2　主要做法

（1）建立完善"政府＋市场"的生态产品价值实现模式路径

以沙头角林场内的良好生态环境与森林资源为依托，设计广东沙头角林场基地。依托其良好的森林资源，在政府资金的支持下，通过"政府＋市场"的模式，利用场地资源优势开发自然资源相关课程，为大众提供良好的生态环境与森林旅游胜地。坚持政府主导作用，不断完善生态产品价值实现的顶层制度设计，探索区域特色实现路径，将生态产品价值核算纳入考核制度框架中，保障生态产品的保值增值及高效转换。发挥有效市场在经营性生态产品价值实现过程中的作用，明确市场准入条件、完善价格评估机制、规范产品质量标准和公开透明交易制度，精准对接供求双方，注重生态资源利用与社会经济发展的协调统一，实现生态产品价值的安全转换，并作为对政府政策的有力补充。充分利用沙头角林场中的森林资源及其他生态资源，推进"生态补偿"，发挥森林资源水源涵养、土壤保持、固碳、空气净化、水质净化、局部气候调节、噪声消减等作用，为城市提供更优质的生态环境。

（2）提出明确的阶段发展规划

沙头角林场提出四阶段发展规划。2018—2019 年，学习、考察与工作整体布置：制订实施方案，确定工作框架，明确工作职责和目标计划。参观学习自然教育有经验单位，收集建设信息，明晰方向思路。2019—2020 年，规划、设计与建设：完成对基地的规划与设计方案，进行步道建设、解说系统、场所改造、课程设计、教材编写、设备配置等工作。2020—2021 年，确定特色体系和创建国家级基地：完善和提升林场自然教育的总体模式和方式，总结试运行经验，制定本单位标准特色体系，强化与同行的交流学习，创建国家级自然教育基地。2021 年后，升级优化和传播推广，不断完善林场自然教育工作，优化提升各方面建设，持续对自然教育的品牌建设、推广工作，为公众提供更多、更好、更优质的公益生态产品。

（3）特色资源利用与保护

沙头角林场主要的生态系统类型是森林生态系统，具有土壤保持、固碳、空气净化等作用。依托林场森林资源优势，沙头角林场对林业资源充分利用，挖掘基地内的林产品。通过林长制来保护、管理基地的森林资源，巡护山林防止自然与人为对森林的破坏。自 2020 年开展古树调查工作以来，对林区范围内古树名木资源进行普查建档，完善古树名木资源本底资料，科学、全面地保护林区的古树资源，参照广东省绿化委员会的要求及深圳市有关古树名木调查保护的要求，针对林场内古树名木资源现状，组建技术力量调查团队对古树进行调查建档，并提出复壮保护的措施。基地内还有丰富的种质资源、各类苗木与花卉以及国家一级、二级重点保护野生动植物。

（4）大力发展特色生态文体旅游产业

充分利用基地特色资源和独特文化，丰富旅游业态，延伸产业链条，推动基地旅游发展，促进生态产品价值转化。沙头角林场依托基地内良好的森林资源，通过"生态旅游＋自然教育""生态旅游＋自然教育＋商业租赁""生态保护补偿"的模式，开发自然资源相关课程，营造自然景观，通过生态环境提升、文化服务、调节服务实现生态产品利用。

（5）打造多样化的自然教育路线或产品

沙头角林场自 2016 年起探索自然教育工作，开发设计自然教育课程，目前已开展多场线上线下互动活动。活动内容体验为主、动手居多。林场还与区域教育部门达成共识，走进校园，提供专场定制自然教育活动。近年来，举办了多个生态大型活动，让周边居民更好地感受自然，融入自然。广东沙头角林场丰富的生物多样性资源，为林场开展自然教育活动提供了坚实的基础，成为繁华都市中的绿色课堂。林场以现有资源为依托，遵循规划先行、最低干预的原则打造室外教学场地。利用林场管护中心周边手工打造的森林步道、优质种质资源区域和森林工坊，共同营造兼具教育性、野趣性与安全性的户外教学场地，现有室外课堂活动空间近 1 000 亩（1 亩≈666.7 平方米）。广东沙头角林场发扬品牌效应，同时推出自然教育科普视频，通过宣传教育、课程渗透、交流学习和活动开展等多种形式，每年发放科普作品 3 000 多人次。

⇒ 8.1.3 主要成效

（1）提升了森林生态系统的质量，增强了优质生态产品的供给

近年来，沙头角林场在保护修复上累计投入近 1.5 亿元，将其打造成集生物多样性栖息地、自然教育营地、生态修复展示地和森林高质量景观展示地于一体的高山森林湿地典范和森林会客厅，探索出"政府投资建设、林场统一管理、全民免费共享"的生态建设新格局。沙头角林场自 2016 年国有林场改革以来，持续开展森林质量精准提升工作，现已精准提升森林 3 000 多亩，林场的生物多样性保护持续改善，森林覆盖率达 96%。由于管护到位，沙头角林场取得建场以来未发生森林火灾的佳绩，保存了丰富的野生动植物资源。易飞易商旅网资料显示，风景林总生物量有 10 多万吨，每年可吸收二氧化碳 8 000 多吨，释放氧气 6 000 多吨。

（2）推动了生态保护与产业发展的融合，形成了现代林业可持续发展模式

自 2016 年改革以来，沙头角林场努力践行绿水青山就是金山银山理念，着力构建"党建引领体系、共建共享体系、生态管护体系、生态产品体系和生态文化体系五大体系"，为公众提供丰富多彩、健康高质的生态公益产品，创造优质的生态效益和社会效益。"梧桐烟云"景观位列深圳八景之一，成为深圳东部旅游产业带的重要组成部分，森林公园目前免费对市民开放。经过多年的探索与实践，沙头角林场形成"创新生态保护和产业发展共生共荣"的现代林业可持续发展模式。依托区位优势，发展经济产业，较好地解决了生存和发展问题，年经营收入近 3 000 万元，综合实力位居省直国有林场前列。

（3）提升了自然教育、生态旅游方面的社会效益，增强了公众生态保护的意识

自 2016 年开始，沙头角林场就把推进自然教育作为重点工作不断加以推

进。线上线下广泛开展"争当梧桐山之王""铃儿花小精灵的邀请""在自然中成长""梦想森林""森林 X 计划""四小只"系列活动、大型森林溪流主题自然教育志愿服务等自然教育活动累计 200 余场次，受众达 10 多万人次，从不同角度让公众了解林场、了解自然教育公益事业。沙头角林场采取边开发、边教学的模式，结合深圳 1—5 年级《科学》课本，组织团队编写了多本具有梧桐山特色的自然教育教材。在沙头角林场内开展自然教育是一项全新实践，也是一项重在持续、重在落实、重在责任的长远工程。新时代的国有林场不仅要守山护林，还要养林优林，成为健康森林的管理者，习近平生态文明思想的宣传者，优质生态产品的供给者。林场自然教育从无到有、从有到优，为体制内同类型单位开展自然教育工作作出了先行示范和有益探索。国有林场是自然教育的一个好载体，通过自然教育宣传习近平生态文明思想，让公众走进林场、了解林场，树立了国有林场改革的新形象，收到了良好的社会效益。

（4）获得了多项荣誉

沙头角林场近年来把自然教育作为重点工作不断加以推进，先后获得广东省首批自然教育基地、广东科普教育基地、广东省森林生态示范园区、深圳市山海连城自然教育联盟首批成员单位、深圳市自然学校、深圳市自然教育中心、深圳市环境教育基地、深圳市儿童友好基地、广东十大最美森林旅游目的地、深圳市盐田区新时代文明实践站等荣誉，挂牌全国自然教育学校（基地），入选国家级森林养生、森林体验重点建设基地全国 100 强。

8.2 云浮林场自然教育基地生态产品价值实现

⇨ 8.2.1 案例背景

2020 年，广东省云浮林场自然教育基地（良洞迳教育中心）（以下简称云浮林场）通过广东省林业局命名挂牌成立，依托广东省云浮林场开展建设工作。

云浮林场位于广东省云浮市新兴县，总面积 8 543.26 公顷，生态公益林面积占76%，2023 年森林覆盖率为 91.98%。

云浮林场地处粤西地区、粤北地区、珠三角地区的交会地带，是亚热带雨林的典型代表。林场内动植物种类丰富，野生动物资源有鸟类、兽类、鳞介类及蛇类等 210 多种，国家二级保护动物 14 种，标志性昆虫为巴黎凤尾蝶。植物资源有 130 科 369 属 690 种，国家二级保护植物 2 种，特有植物秘笈和金毛狗，其中秘笈是标志性植物。

近年来，云浮林场围绕良洞迳教育中心（占地面积 1 500 亩）进行重点打造，突出"粤西山地、沟谷雨林"自然特色，展现西江小流域生态环境，融合"山林、昆虫、古老蕨类、花果、农耕"等元素，按照"以点带面、以线串点"的总体思路，通过打造可复制、可推广的"自然教育云浮模式"，促进基地"良好的生态产品"转化为"最普惠的民生福祉"，为粤西自然教育基地生态产品价值实现提供了示范。

⇒ 8.2.2　主要做法

（1）强化生态产品价值实现"政府模式路径"的推动作用

作为公益一类事业单位，云浮林场充分发挥生态环境、设施场所优势，通过转移支付、财政补贴等方式"购买"公共性生态产品，通过"生态旅游、自然教育、生态保护补偿"的模式，免费向社会公众开放，持续不断地为市民提供公共性生态产品。①重视统筹规划，在落实上级政策基础上完成了《广东省云浮林场自然教育基地可持续发展研究》，编制了《广东省云浮林场（良洞迳教育中心）自然教育专项规划》，努力打造"粤西自然教育平台"。②重视森林培育，自2020 年林场启动公益林示范区建设以来，3 年累计投入建设资金超 3 000 万元，建设大径材培育区、森林资源保育区、科技示范区、森林游憩区 4 个功能区。大径材培育区以优质阔叶树混交林如红锥、火力楠、灰木莲、观光木及桉树等优良乡土树种为森林资源，培育大径材基地，建设高质量国家储备林。③重视人才队伍建设，设立专职负责林场自然教育、科普、宣传工作的自然教育科，努力构建集"林场职工—市民（村民）—中小学校老师—本土企业"为主体的"本土自然教育共同体""专业志愿者社群"。④重视场所设计，按照"以点带面、以线串点"的总体思路，构建一条自然教育核心轴线，串联九彩沟生态科普园等四大核心项目，布局桉树教育林等4个拓展区，为学校、自然教育机构提供开展自然活动的场所与服务。

（2）夯实生态产品价值实现的基础设施

①建设自然教育之家，建设包括室内课堂、观鸟屋、图书室、实验室在内的140平方米三层场馆和300平方米户外课堂。②设计自然教育径，打造双巷步道大径材教育径、阔叶树科普教育径、枕木森林步径、九彩沟自然教育径、护林员体验步径及党史人文体验径，总长度6千米。③驿站和停车场建设，满足停车、休息、应急的需要。④完善自然教育标识系统，搭建以生态科普地图为中枢、科普知识牌为神经脉络、树牌和物种牌为神经末梢的公园科普导览体系，通过"无声"的标识系统建设，简明扼要地标识动植物、自然环境、科学知识、路线与方向，达到自然教育"有声"传导的功能。

（3）创新特色课程设计

①设计了大量的课程。坚持"保护是基础，教育是灵魂"的理念，规划设计了"押花艺术""自然观察""植物科学""农耕四季"四大系列近20门课程。②设计了丰富多元的课堂形式。依托林场自然教育中心，围绕九彩沟、百果园、桉树教育林、农耕文化体验园、自然教育之家开展室内课堂和室外开放课堂，设计沉浸式体验课程，持续丰富课堂内容与形式。③设计《云林本草》。充分考虑本土南药的多样性及其功能作用与价值，编制了《云林本草》图册，配套有九彩沟自然教育径云林本草打卡地图和云林本草辨识卡片。

⇨ 8.2.3　主要成效

（1）生态建设持续加强，不断丰富"绿水青山"端生态产品供给

云浮林场贯彻落实绿水青山就是金山银山理念，以森林公园、森林生态综合示范园、林业科技示范园、公益林示范区、自然教育基地、森林康养基地和大径

材培育基地等重点项目建设为抓手，加强森林资源培育、保护和科学合理利用，持续丰富基地生态产品数量，稳定提升基地生态产品质量，为社会提供更多优质的生态产品和服务，以生态红利的形式免费与社会公众分享。林场生态保护产生了良好的生态效益。根据监测结果，基地富含丰富的负氧离子康养旅游资源，负氧离子浓度均值为1 948个／立方厘米，部分测点负氧离子浓度达3 700个／立方厘米。

（2）自然教育基地建设逐步壮大了潜在林业经济总量

在林场内实施森林保护保育工作，开展大径材林建设，持续提高了林业蓄积量，逐步壮大了林业经济总量。2022年，分别下达省级林业生态建设资金、大径材培育资金65.58万元和200万元，高质量建设水源林1 179亩和大径材林5 000亩。重点造林及抚育、大径材培育为林业产业发展和林业经济转化奠定了基础。云浮林场作为公益性事业单位，实行开放式生态旅游，不产生直接旅游收益，但其发展带动了周边农家乐的发展，为游客出行提供了方便，一定程度上增加了周边居民的经济收入。

（3）自然教育加快了林场生态产品价值的实现

云浮林场主要生态产品包括物质性产品供给、调节服务产品供给和休闲文化服务产品供给三大类。物质性产品作为森林蓄积得以保存，调节服务产品和休闲文化服务产品通过每年举办自然教育活动得到实现。

（4）自然教育基地建设产生了良好的社会效益

云浮林场承担着自然教育、环境教育、森林体验、林业科普、森林文化、生态文明宣教示范作用。林场通过免费生态旅游和自然教育的方式，为公众提供了天然氧吧和康养基地，为久居城市的居民提供了一处休闲的好去处，削弱了由城市日益紧张的生活节奏与工作压力带来的影响，是天然的最普惠的福利，为建设生态家园提供了样板。周边农家乐的发展也在一定程度上缓解了森林资源保护与周边社区的矛盾，为社会营造了良好的发展局面。

8.3 天井山林场自然教育基地生态产品价值实现

⇨ 8.3.1 案例背景

2021 年，天井山林场自然教育基地（以下简称天井山林场）通过广东省林业局命名挂牌成立，依托天井山林场开展建设工作。天井山林场位于广东省韶关市乳源瑶族自治县西北部，总面积 55.64 平方千米，森林覆盖率超过 97%，拥有广东省最大的原始森林，植被为中亚热带常绿阔叶林，被称为广东的"西双版纳"。天井山林场是我国重要的南岭山地森林和生物多样性的生态功能区，具有极其丰富的生态旅游资源，包括自然景观资源、动植物资源和人文历史资源等，是一个以自然景观为主体，山、林和水条件突出的，集养生度假、科普教育、探险觅奇和科学考察于一体的远郊山岳型国家森林公园。天井山林场地处南岭五岭支脉南麓，属于中亚热带湿润性季风气候，降雨充沛，四季分明，季相变化明显。生态旅游资源丰富，生态功能重要。

近年来，天井山林场坚持"走进天井、生态科普、旅游兴山"的战略，依托丰富的森林自然资源和深厚的历史文化底蕴，大力推进"走进森林"等主题科普讲解活动，开展一系列森林保护修复工作，促进生态文旅产业建设，推动"生态科普"，让"绿水青山"走向"金山银山"，让高质量的森林资源提升人民福祉，走出了一条独具特色的自然教育基地生态产品价值实现的天井山模式。

⇨ 8.3.2 主要做法

（1）强化生态产品价值实现"政府＋市场模式"的推动作用

社会公益事业、科普教育职能是天井山林场的重要职能之一，依托其生态环境、设施场所优势，通过财政补贴等方式"购买"公共性生态产品，通过"森林旅游、生态科普"的模式，为市民提供持续的公共性生态产品。①重视森林培育、系统性恢复森林生态。自 2015 年以来，乳源瑶族自治县按照"生态兴林、山水统筹、系统修复"的思路，实施了一系列生态保护修复工程，振兴森林生态资源。政府投资主要投入基地生态修复项目中，针对的是大径材培育、病虫害防治、森林抚育、幼林抚育、森林碳汇等方面。通过广东招投标相关网站以及广东天井山林场部门决算可查询到 2021 年资金投入 14 657.82 万元，用于基地保护修复的金额为 1 300.26 万元。为保护天井山林场的森林资源，林场实行林业有害生物防治项目，重点对松材线虫病进行防治，提升了森林抗病虫害的能力。通过在林场辖区周围开展防护林建设，和在林场辖区内开展大径材培育示范建设、森林抚育、幼林抚育、水源林建设，提升了森林碳汇能力，提高了森林生态系统的生态环境功能和防灾减灾能力。②生物多样性保护。在政府统筹下，坚持保护优先，保护天井山的森林资源和动植物种质资源，保护天井山特有的兰科、蕨类植物、两栖动物，严厉打击盗伐林木、滥捕野生动物等行为，开展穿山甲生物多样性保护项目，保护其生态栖息环境，逐步恢复珍稀濒危动物种群数量。在天井山自然科学馆开展讲堂、研学旅行、夜观昆虫鱼鸟等，让学员充分认识多种动植物的特点，对生物的多样性有更直观的感受，提高公众对森林生态系统的保护意识。③拓宽生态产品实现路径。在"政府＋市场路径"下，以广东天井山林场基地内的良好生态环境与主要的自然资源、森林资源为依托，设计广东天井山林场基地。公共性生态产品主要采取政府路径，在政府资金的支持下，广东天井山林场向社会公众收取少量的门票费用，为公众提供良好的生态环境与森林旅游胜地，让公众享受新鲜的空气、开展森林康养活动、观赏美丽的森林景观。经营性生态产品，如基地依托良好的森林资源通过"生态旅游＋文化传承＋自然教育＋养殖产品"的模式，主要采取市场路径，通过生态产业化、产业生态化和直接市场交易实现价值，依托良好的自然生态环境，发展生态农业、生态旅游等。在林场内深度挖掘相关林产品、牧产品以及农产品，利用场地资源优势开发自然资源相关课程，营造自然景观，通过生态环境提升、文化服务、调节服务实现生态产品利用。

（2）助力生态科普发展，完善生态产品价值实现的基础设施

①完善自然教育基础设施。天井山林场持续完善自然教育相关的基础设

施，为了普及有关自然科学知识，天井山林场投入290万元打造了天井山自然科学馆，它包括自然科学知识、森林生态知识、野生动植物知识、现代林业循环发展等内容，一期面积600平方米，采用多媒体、声光电等现代手段，增强观众的互动性和参与性，成为广东省青少年科技教育基地。天井山林场进一步完善和更新生态旅游解说系统建设，在森林美育馆，馆内的设施通过视、听、嗅、味、触等多种感官接触方式来传递森林之趣、自然之美。②强化科学研究，致力"蓝天、碧水、净土三大保卫战"。近年来，基地依托丰富的自然资源充分探索多方参与支持森林生态系统和气候的科学研究，主动服务、积极外联，充分发挥了高校、科研院所和专家团队的力量，先后与暨南大学、中国林业科学研究院热带林业研究所等研究院以及高校研究合作了"粤北亚热带常绿阔叶林森林环境对人体健康影响的医学研究、粤北亚热带常绿阔叶林森林环境对人体健康影响的医学研究"。由暨南大学牵头，中国科学院广州地球化学研究所、广东省生态环境监测中心、广东省韶关生态环境监测中心站共同合作，开展"广东天井山大气环境和气候变化科考考察"项目，邀请两位院士、多名科研院校专家实地考察，建设南岭背景站，动态监测空气质量，以积极应对气候变化，为珠三角地区空气质量改善提供了优质扎实的数据支持，持续为粤港澳大湾区绿色发展、筑牢粤北生态屏障助力。③重视人才队伍建设。林场发展的关键是人才，基地在工作中始终坚持以人为本，做到尊重人、关心人、激励人，不断提高员工的素质。采取"请进来""派出去"的办法，不断提高小水电职工专业技术水平，先后选派了近120人次到华南理工大学等院校和各级党校、电大进修学习，职工的整体素质有了较大提高。2022年10月11—15日，广东省广东天井山林场举办了第一期自然导师培训班。本次培训班面向林场各单位（部门）招募了90名自然爱好者报名参加，并进行分期培训，第一期培训学员共36名。活动为期5天，通过参观天井山自然科学馆、开展讲座、研学旅行、夜观昆虫鱼鸟等方式，提高了学员们生物多样性的知识储备，为森林公园的科普宣教工作打下良好基础。④创新特色课程设计。基地积极推动自然教育类课程的开发设计，天井山自然导师团队也积极组织策划自然体验活动。例如，2022年4月15日，广东天井山自然教育基地与洛阳镇中心小学联合举办了"洛阳镇中心学校第一届茶艺文化节"活动，邀请同学们上台练习、表演茶艺，感受茶的艺术魅力，感受大自然之美。

（3）因地制宜，合理开发自然资源和能源，持续性开发生态产品

天井山林场具有丰富的自然资源和能源，近年来始终坚持生态保护优先，走可持续发展道路。①开发绿色能源。建场 60 多年来尤其是改革开放以来，天井山林场坚持可持续发展，依托天井山的山水等自然资源主要经营水力发电，合理建设小水电，科学规划和开发水力资源。目前，天井山林场已进入良性循环的发展阶段。林业和小水电同时发展，"林电并举"相得益彰。林场不但已建成 10 座小水电站和一座变电站，还兴建了年产 1 000 吨工业硅、硅铁铁合金厂，组建了拥有 40 多台大小车辆，集运输、汽修、零配、服务等于一体的储运服务公司。②发展生态养殖业。天井山引进的中国林蛙繁育及集约化养殖项目在乳源生态农业科技园（林蛙基地）落地，不仅开发利用了天井山丰富的两栖类动物资源，而且有助于推广天井山两栖类动物的科普知识宣传，同时丰富了粤凤生态度假屯的生态产品类型，与科普推广、农林养殖、生态旅游等产业相结合，使一产、二产、三产融合发展，进一步推动林地保护、产业提质、生态旅游、农民增收等多重效益的实现。

（4）突出特色，发展森林生态文旅产业

天井山林场依托丰富的"森林、溪流、奇景"等优质生态产品，委托合作第三方开展了森林旅游项目，实现集观光娱乐、休养于一体的体验，推动森林旅游的发展，促进生态价值进一步转化为经济价值。①推动"旅游＋科普"。一是开发多样化的自然教育路线。基地积极开发多条旅游路线，如森林漫步徒步路线、生态长廊路线、刚阳石景区探险路线等。2021 年 11 月 20 日，第七届广东天井山森林漫步节在韶关乳源广东天井山林场举办，吸引了近 2 000 名漫步爱好者参加，关注度超 2 万人次。活动现场还免费向本地农村合作社及村民等提供 80 多个展销位，并发放了 1 000 余份购物券，有力促进了农户增收，让游客得到实惠。二是坚持每年组织青少年科普夏令营活动，丰富学生暑期生活，普及森林科普知识，如广东天井山自然教育基地与洛阳镇中心小学联合举办了"洛阳镇中心学校第一届茶艺文化节"活动等，开发青少年探索自然、创新思维的潜力。三是森林公园启动了类似"走进天井山"等一系列森林生态科普活动，向韶关市及周边城市中小学发出邀请，带领师生享受别具一格的科普文化大餐。四是根据花

季和时令举办赏花节，优惠节假日门票，推广旅游品牌，如2015年举办乳源首届天井山云锦杜鹃赏花节、2017年举办第二届天井山云锦杜鹃赏花节、2023年举办广东天井山首届陀螺花节，这一系列赏花活动吸引了摄影爱好者、汉服爱好者等超过2 000人参加，向游客推广了天井山特有的杜鹃花和陀螺花资源，营造了更加浓厚的生态文化氛围。②推动"旅游＋乡村建设"。森林旅游已成为天井山发展的重要产业之一，它不仅促进了林业产业结构的调整，增加了就业机会，还实现了兴林富民。天井山建设了环境优美、别具特色的云锦山庄、粤凰度假屯或古结洞田园农家乐景区等，可提供餐饮、住宿、会务、团建等服务，游客可在此摘菜、采药、吃农家饭。带动了周边农旅发展特色旅游，推动农业发展模式转变为与旅游业相融合，使森林旅游的游客大幅增加，当地民众的收入增加，社会福利持续提升。③推动"旅游＋直播"。天井山积极创新旅游推广形式，以"旅游＋直播"的形式开展网络直播旅游推广活动。2022年12月，由广东省林业局主办的第四届森林文化周冬季系列活动在广东天井山林场正式启动，活动采用"云徒步"线上直播的形式，直播选取了天井山近年来重点打造的全长约4.5千米的生态长廊自然教育径作为主要地点，聚焦南粤红叶文化，并发布了"南粤红叶十大观赏点"名单，完善了广东春、夏、秋、冬四季特色森林文化活动体系，森林文化的内涵更加丰富。将森林保护、森林文化、森林旅游等融入市民生活，把森林文化周打造成"市民的节日""文化的盛会"，让600多万人享受到了生态福利。

⇒ 8.3.3 主要成效

（1）提升了森林生态系统的质量，增强了优质生态产品的供给

实施生态保护修复项目后，天井山林场生态保护修复效益明显，山林变密了，野生动植物变多了，溪水变清了，天井山重现静谧幽美的景色，基地建成后，周围地区的经济效益、社会效益、生态效益明显增加，生态安全网络联通性、生态景观多样性提高，市民的满意度较高，保护修复内容导入自然教育情况良好。辖区民众的生态意识明显提高，破坏森林资源及非法狩猎、电鱼等违法行为基本绝迹，森林防火意识深入人心，林业有害生物得到有效监测，野生动物、植物、昆虫，空气监测、水源监测等科研项目取得了一定的社会效益和生态

效益，珍稀野生动植物得到有效保护。目前，林场内野生珍稀濒危植物有 35 种，国家级保护植物有 30 种。兽类有 98 种，鸟类有 261 种，爬行类有 94 种，两栖类有 44 种，硬骨鱼类有 58 种。游客旅游时可见到广东省省鸟白鹇、黄腹角雉、中国小鲵以及大、小灵猫等国家一级、二级保护动物。林场内的云锦杜鹃属于珍稀花种，"千花杜鹃"是天井山最闪亮的"自然名片"。在杜鹃花开的季节，保护区内可见到花在云中开，雾在花间飘，被誉为"中华奇观"。

（2）推动生态保护与产业发展相融合，形成了绿色低碳能源体系和产业发展体系

依靠天井山林场的水力资源建设小水电，就地取"财"，天井山林场走出了一条"以林蓄水、以水发电、以电养林、林电并举"的绿色生态循环发展之路，已成为一个兼容生态公益林和商品林的混合经营性国有林场。林场加速营造速生丰产林和水源涵养林，加强中幼林管护，努力建设"高产量、高产值、高效益"的"三高"林业。营林生产共支出 5 127.28 万元，其中，1993 年前支出 583.62 万元，1993—2023 年支出 4 543.66 万元。1990 年就消灭了荒山，1992 年即实现绿化达标，林业的基础得到了巩固。林区小水电蓬勃发展，也使林场采伐量得到了有效控制，投放营林的资金得到充分保障。"以电养林、林电并举"，天井山林场实现了林业的良性循环、逐步走上可持续发展之路。以"生态文旅、森林康养、自然科普"模式带动全域旅游，天井山自然教育品牌影响力持续扩大，先后被评为"广东省青少年科技教育基地""广东省森林生态旅游示范基地""国民旅游休闲示范单位"等。天井山林场生态产品价值实现的渠道进一步拓宽。

（3）增进了民众福祉，促进了经济社会发展，实现了"绿水青山"向"金山银山"的转化

经过几十年的发展，天井山变得"天蓝、树绿、水美"，知名度进一步提高。天井山林场自 2014 年 12 月 30 日开园以来，在继续加强和完善景区基础设施的同时，积极强化与媒体以及旅行社团队的合作和策划，积极宣传推广林场独具特色的生态森林旅游资源。开园第一年接待旅游团体 6 批次 580 人，其他游客约3 000 人次。天井山林场的生态产品不仅有野生农产品，如药材、香菇、木耳、灵芝等，还建设有林蛙、石蛙、优质山地鸡、溪流鸭养殖，以及野生蔬菜与中药

材栽培等众多项目。目前，天井山林场每年可出栏生态放养鸡 10 万只，无公害鸭 2 万只，商品日产量约 200 千克。这里出产的野菜，固定销往广州、韶关许多餐馆。最重要的是，天井山林场的所有产品形成了较完整的生态立体循环链，带动了千家万户农民致富，让他们切实体会到绿水青山就是金山银山的生态福利。

（4）打造了一批独创的自然教育品牌

天井山林场利用其神奇的自然地质风貌开发"豹纹石"科普游览区，向民众科普地质演变知识；利用天井山的小水电产业，推广"天井山模式"的可持续林电开发模式，提高天井山科普教育的历史维度。"走进华南夏宫""走进天井山"等一系列自然教育活动的开展，使得天井山自然科学馆的自然教育得到多维度提升，云锦杜鹃赏花节、陀螺花节等活动品牌效应日益明显，参与活动的游客累计超过 20 000 人次。不仅加强了野生动植物种质资源的展示，如云锦杜鹃花群落、陀螺花群落等，还有效提升了天井山民众的环保主人翁意识，推动了景观产业向着生态化、产业化发展，促进了景观类生态产品经济价值、社会价值的实现。随着森林旅游和生态科普的拓展，外地游客人数逐年攀升，科普研学旅游的收入迅速增长，森林生态旅游、自然教育研学的发展逐渐成熟，自然教育产业成为天井山新的经济增长点。

第 9 章 >

广东省自然保护地类自然
教育基地生态产品价值实现

9.1 广东南岭国家级自然保护区自然教育基地生态产品价值实现

⇒ 9.1.1 案例背景

广东南岭国家级自然保护区自然教育基地（以下简称南岭基地）成立于1994年，2015年1月被广东省科学技术协会认定并命名为"广东省科普教育基地"，2019年获评"广东省首批自然教育基地"称号。

南岭基地位于广东省北部，坐落在广东省韶关市乳源瑶族自治县、乐昌市，清远市阳山县和连州市行政境内，地处南岭山脉中段南麓，基地总面积5.83万公顷，其中核心区面积2.77万公顷，缓冲区面积1.38万公顷，实验区面积1.71万公顷。南北宽约38千米，东西长约43千米，位居南岭山脉中段，所处大地构造单元位于华南准地台（湘桂粤海西印支凹陷区）、韶关凹褶断束内，地质构造复杂，是纬向构造、经向构造、粤北山字形构造及新华夏系等构造体系。南岭基地内地层发育由老至新依次由上古生界泥盆系、石炭系，新生界第三系、第四系和燕山期侵入岩组成。

南岭基地内列入中国珍稀濒危保护植物名录的野生植物28科40种，其中1级保护的珍稀濒危植物2种，2级13种，3级25种。栽培的珍稀濒危保护植物8科8种，其中1级保护的珍稀濒危植物1种，2级7种。基地内收录于中国植物红皮书的稀有濒危植物共27科38种，其中濒危植物3科3种，渐危植物13科13种，稀有植物14科22种。

南岭基地保存有陆栖脊椎动物497种，其中国家Ⅰ级重点保护动物10种，国家Ⅱ级重点保护动物64种；广东省重点保护动物18种；有82种属国家性受危种；有30种属国际性受危种；有75种被列入濒危野生动植物物种国际贸易公约（CITES）附录。国家重点保护动物共计74种，其中国家Ⅰ级10种，国家Ⅱ级64种。

近年来，南岭基地依托丰富的生态系统类型和丰富的野生动植物资源，致力于生态修复、野生动物通道建立、生物多样性保护和特色自然教育发展，融合特色体验生态文体旅游产业，增加基地生态产品类型，为其生态产品价值实现的多元化发展奠定基础。

⇒ 9.1.2　主要做法

（1）强化"政府＋市场"的生态产品价值实现模式路径

作为公益一类事业单位，南岭基地通过"政府＋市场"路径形式，"政府主导、公众参与"的模式来进行保护管理。挖掘生态产品，推进生态保护补偿。南岭基地依托丰富的生态系统类型，对林业资源、农业资源和垃圾废物等进行了利用，包括林下种植，野生农、林、渔产品采集，牧产品放养，野生菌菇和野生蜂蜜等采集。南岭基地丰富的野生动植物资源、3 个大中型水库、众多河溪等在调节服务和生态服务上起到涵养水源、空气净化、水质净化、局部气候调节、噪声消减、休闲游憩、旅游康养、教育宣讲等作用。

（2）强化运营维护与修复投入

2018—2021 年，南岭基地项目总投资分别为 1 583 万元、1 531 万元、3 479 万元、5 159 万元。在生态保护修复和价值提升上，南岭基地对自然资源保护修复、生物多样性保护、科研设备、科普教育、边坡治理、防火等方面投入较多，2018 年支付约 547 万元（占比约 35%），2019 年支付约 353 万元（占比约 23%），2020 年支付约 2 371 万元（占比约 68%），2021 年支付约 3 861 万元（占比约 75%）。

（3）人才队伍建设

南岭基地有森林、土地、水等自然资源类型，通过"政府主导、公众参与"的模式来进行保护管理。基地设综合科、管护科和宣教科 3 个科室，下设乳阳管理处、大顶山管理处、秤架管理处和大东山管理处 4 个管理处，现有在职工作人员 31 人。

（4）发展南岭特色生态文体旅产业，推广自然教育

南岭基地内丰富的自然资源和优越的环境条件，为自然教育的开展奠定良好基础。基地生态产品价值实现模式有"生态旅游＋文化传承＋自然教育＋养殖产品""生态旅游＋自然教育＋商业租赁"。①开展一系列自然教育活动，多年来，保护区开展了一系列以亚热带森林为主题的自然教育活动，如夏（冬）令营、森林营、自然营、亲子营等，让大家在感受大自然的同时，学习森林科普知识，从初识自然到热爱自然，从自然中感悟点滴。②结合地域特色，建设宣教场馆。以《广东省自然教育基地建设指引》为指导，结合南岭的地域特色，重点开展南岭自然博物馆、南岭自然教育园的规划建设。③积极设计开发自然教育产品。多年来，南岭基地开展了一系列以亚热带森林为主题的"自然""森林""鸟类"等科普宣教活动。开展志愿者招募、讲解员培训，在社区营造出良好的自然教育、研学氛围。④特色体验模式设计。2019年，南岭基地成功举办了"走进南岭聆听大自然的天籁之音"首届南岭观鸟赛，12支参赛队伍总计观察记录鸟类42科122种，占南岭地区鸟类现有记录总数（316种）的38.6%。吸引了众多观鸟精英和观鸟达人。

（5）积极开展生态保护修复工程

南岭基地利用山水林田湖草沙生态保护修复试点资金，系统开展生态保护修复工程。以提高森林生态系统质量和稳定性为导向，采用补植套种优良乡土树种的方式，对受损植物群落进行生态修复，为更多的物种提供栖息条件，促进生物多样性的恢复和森林质量的提升。加大管护力度，开展南岭国家级自然保护区的勘界立标、确权工作，加强对南岭自然保护区的管护力度。

⇒ 9.1.3 主要成效

（1）生态保护修复成效明显

①野生动物通道连接性明显改善。针对南岭基地陆生生物生境破碎化问题，开展野生动物通道建设，增加破碎化生境的连通性，促进野生动物的栖息和繁衍等活动。②生物多样性保护成效明显。通过与各专家团队合作，加强野生动植物

本底调查与监测，南岭基地近年来陆续发现并拍摄到海南鳽、莽山原矛头蝮、黄腹角雉、黑熊、黄脚渔鸮、白鹇和中华秋沙鸭等多种珍稀濒危野生动物，生物多样性保护工作取得良好效果。③受损生境得到修复。南岭基地内200亩受损植物群落修复后，为更多的物种提供了栖息条件，促进了生物多样性的恢复和森林质量的提升。

（2）通过科技赋能基地生态产品价值实现

在植物综合调查工作中，南岭基地与中国科学院华南植物园合作，完成了为期5年的广东南岭国家级自然保护区植物物种多样性调查工作，取得了较大的成果。出版了《南岭植物物种多样性编目》《广东南岭国家级自然保护区植物区系与植被》《南岭珍稀植物》3部专著；发表论文15篇，其中SCI收录刊物论文6篇，国内核心期刊论文8篇。南岭基地和中国科学院华南植物园共同完成的1项科技成果"广东南岭山地植物综合调查研究及应用"获得2016年度韶关市科学技术进步奖二等奖。在野生动物本底调查上，南岭基地与广东省科学院动物研究所合作，开展为期3年的广东南岭国家级自然保护区野生动物本底调查工作，取得了较显著的成果。据调查，广东南岭国家级自然保护区野生脊椎动物有555种，隶属31目100科339属，比原记录种数（443种）多出112种。发表论文3篇，其中1篇在SCI期刊发表。利用红外自动相机拍摄到的野生动物有57种，包括兽类25种、鸟类32种。其中，黑熊、毛冠鹿、水鹿、鬣羚等是广东省首次在野外拍摄到的大型野生动物。在昆虫资源调查上，南岭基地与华南农业大学合作，开展广东南岭国家级自然保护区蝶类、蛾类、鞘翅目等昆虫多样性调查研究，取得了较大的成果。研究表明，广东南岭国家级自然保护区蝶类有397种，比原记录（317种）多了80种，蛾类1 252种、鞘翅目昆虫584种。项目研究填补了广东南岭国家级自然保护区蛾类、鞘翅目等昆虫多样性调查的空白，为保护区科技人员鉴定蝶类、蛾类及鞘翅目昆虫物种提供参考。此外，南岭基地还与广东省林业科学研究院合作，在局属乳阳管理处建立了"南岭森林生态站"（国家林业和草原局森林生态定位观测网络中心CFERN站点）。截至目前，南岭基地已承担国家级和省部级课题5项。

（3）自然教育品牌影响力明显加强

① 2018年，中共韶关市委宣传部和深圳市视野纪录影视文化公司牵头，广

东省林业局、广东南岭国家级自然保护区管理局、广东卫视等单位参与制作完成了《南岭物语》系列，分为《奇珍》《生存》《羽恋》3集。该纪录片多角度、多方位反映南岭生物多样性与生命故事。②2020年，该纪录片获得中国纪录片节国际提案大会十佳。③通过强化自然教育，南岭基地被授予"全国科普教育基地""广东省科普教育基地""全国林业科普基地""全国十佳观鸟胜地""广东十大最美森林"等荣誉称号。

9.2 鼎湖山国家级自然保护区自然教育基地生态产品价值实现

⇒ 9.2.1 案例背景

2020年，鼎湖山国家级自然保护区自然教育基地（以下简称鼎湖山基地）通过广东省林业局命名挂牌成立，依托鼎湖山国家级自然保护区开展建设工作。鼎湖山基地位于广东省肇庆市鼎湖区，距离广州市西南100千米，总面积约1 133公顷。该基地成立于1956年，是中国设立的第一个自然保护区。该基地是唯一隶属中国科学院的自然保护区，其主要保护对象为南亚热带地带性森林植被，基地内生物多样性丰富，是华南地区生物多样性最富集的地区之一，被生物学家称为"物种宝库"和"基因储存库"。鼎湖山基地景观独特，有近400年记录历史的地带性原始森林——南亚热带季风常绿阔叶林和其他多种森林类型保存完好，被誉为北回归线沙漠带上绿洲中的"明珠"。

近年来，鼎湖山基地依托保护区内丰富的物种资源与优美的生态环境开展自然教育，致力于打造自然教育与生态旅游品牌，培养了一批满足自然教育工作的专职人员，开展了一系列自然教育活动，并利用自然资源打造生态产品。鼎湖山基地既得到了保护又谋得了发展，走出了一条独具特色的自然保护区生态产品价值实现新模式。

⇒ 9.2.2　主要做法

（1）有稳定的满足开展自然教育工作需要的专职人员

鼎湖山基地由 4 名专职人员和 7 名兼职人员组成基地科普队伍。其中有 3 名研究员（教授），专业人员中大部分具有博士或硕士学位，具备生物学（包括植物、动物、微生物）、生态学及自然保护等专业知识，是一支学科较全、层次较高的科普队伍。此外，由两位教授指导的在鼎湖山学习和工作的 10 多名博士和硕士研究生也是科普工作的重要人才资源。

（2）利用优美生态环境，打造自然教育与生态旅游品牌

鼎湖山基地生态产品价值实现模式有"生态旅游＋文化传承＋自然教育＋养殖产品""生态保护补偿"；生态产品价值实现路径是"政府路径"。多年来，鼎湖山基地保护生态环境，发挥资源优势，打造森林生态旅游品牌，提高核心竞争力，旅游事业取得了良好的经济效益和社会效益。

（3）充分利用自然资源与环境，促进地方就业与经济发展

鼎湖山基地是广东省内的旅游胜地，拥有得天独厚的自然风光，吸引了众多游客前来观光旅游，带动了附近餐饮与住宿的发展。鼎湖山秀丽独特的自然景观和厚重的岭南文化积淀吸引了大量中外游客。鼎湖山基地的工作人员对导游进行培训，辅导导游了解生物多样性。黄忠良研究员介绍说："为了让游客更好地欣赏杜鹃花，与旅游部门合作，以鼎湖山 9 种野生杜鹃花为主，建立了华南杜鹃花园。春天杜鹃花开时，是鼎湖山最美丽的时节，游客如云。"近 10 年，鼎湖山游客量年均超过 60 万人次，最高近 100 万人次，仅门票年收入已过千万元。鼎湖山生态旅游发展势头良好，近年来收入在 3 000 万元以上，为当地增加就业岗位近 2 万个，成功推动了地方的发展。

（4）在保护中发展，开发生态产品

鼎湖山基地在保护中求发展，实现社会效益最大化。目前，利用鼎湖山水源或者利用鼎湖山品牌的饮用水企业有 13 家。记者调查发现，在广州等华南城市，

"鼎湖山泉"品牌的桶装饮用水销量很好，这家建于 2002 年的鼎湖山泉有限公司，现在已是肇庆市鼎湖区最大的纳税户。鼎湖山所在的鼎湖区农业由过去单一的粮食种植，发展成为茶叶、蔬菜、水产、养殖、园林花卉苗木等多产业并存，与旅游相关的绿色食品及加工产业十分兴旺，其中香甜软糯的"裹蒸粽"已成为来鼎湖山旅游的客人必尝的特色食品。鼎湖山丰富的生物多样性正成为当地一张闪亮的生态名片。

⇒ 9.2.3 主要成效

（1）生态环境良好，是理想生态演替基地

鼎湖山基地的森林受到人为干扰较少，是北回归线沙漠带上仅有的保存完整的森林生态系统。鼎湖山基地内存在的森林在全球纬度带上具有无可替代性，显示其重要的区域代表性。同时，鼎湖山基地内所拥有的植被类型包括属于本气候区的地带性顶极植被——季风常绿阔叶林，以及向它演变的丰富多彩的过渡植被类型，是开展研究森林生态系统及植被演替规律的理想基地。

（2）基础建设完善，保护管理成效显著

鼎湖山基地至今已走过 50 多年的光辉历程，在我国自然保护建设事业中起到了探索和先驱的作用，是我国自然保护的一面旗帜。2006 年，在全国自然保护区 50 周年庆典大会上，鼎湖山国家级自然保护区管理局被国务院七部委授予"全国自然保护区管理先进集体"称号。

（3）积极开展科普教育，活动受众人数多

多年来，鼎湖山基地积极开展科普教育工作，已成为"广东省环境教育基地"（1998 年）、"全国青少年走进科学世界科技活动示范基地"（2002 年）、"广东省青少年科技活动基地"（2003 年）。至今，鼎湖山基地已与 10 所大学挂牌建立教学实习基地，与周边中小学挂牌建立科技教育共建基地，每年接纳学生教学实习和组织中小学生开展各类科普宣传活动和举办科普专题讲座等。

（4）长期监测研究，科研成果显著

监测工作是科学研究的重要内容之一，也是检验自然保护成效，指导保护区建设的重要依据。鼎湖山基地自创办之日起就建立了长期定位观测研究的基础设施。1978 年，在区内建立生态系统定位研究站；1979 年，鼎湖山基地成为中国首批加入联合国教科文组织"人与生物圈计划"（MBA）的自然保护区和定位研究站；1998 年，国家环境保护总局确认鼎湖山基地为国家级自然保护区。1991年，鼎湖山基地与美国 Smithsonian 研究院合作，率先参照国际标准开展生物多样性监测和研究；2005 年，设立了 20 公顷森林生物多样性监测样地，成为全国第一批加入大样地建设行列的自然保护区，现已纳入中国森林生物多样性监测网络，并与全球热带森林生物多样性研究中心 CTFS 同步开展相关研究工作。此外，对珍稀濒危植物的种群建立和生长动态进行长期监测研究。特别是鼎湖山基地进入中国科学院知识创新工程以来，除"水土气生"的常规监测外，还开展了对生态系统过程及其对全球变化影响的响应机制研究，在完整的监测数据基础上，剖析鼎湖山森林生态系统和生物多样性的动态变化规律，揭示其形成机制。在森林生态系统碳循环研究、模拟氮沉降对森林生态系统的影响研究等方面成效显现。截至 2010 年，以鼎湖山为研究基地的学术论文有 1 000 余篇，SCI 论文100 余篇，在 Nature 上发表了多篇重量级论文。其中，反映成熟森林土壤积累有机碳的重大发现获得国家自然科学二等奖，展示鼎湖山基地研究成果的《热带亚热带森林生态系统研究》已出版九集，同时出版了多部研究专著。

9.3 丹霞山世界地质公园自然教育基地生态产品价值实现

⇒ 9.3.1 案例背景

韶关丹霞山世界地质公园自然教育基地（以下简称丹霞山基地），享有"世界地质公园""世界自然遗产"的美誉，总面积292平方千米，其中遗产地168平方千米，遗产地缓冲区124平方千米，是以丹霞地貌景观为主的自然与人文并重的风景区，是世界上低海拔山岳型风景区的杰出代表。丹霞山基地内文物古迹众多，森林覆盖率为81.3%，核心景区森林覆盖率为79%；自然资源种类丰富，分布有许多珍稀濒危动植物资源，在全球的丹霞地貌景观中，丹霞山基地是被公认的发育最典型、类型最齐全、形态最丰富、造型最奇特、风景最优美的丹霞地貌集中分布区。

享誉世界的丹霞山，如何才能成为普惠的民生福祉？韶关市为此开展了系列探索研究和改革创新工作，厘清了用地权属关系，成立了丹霞山管理公司，坚定履行所有者职责，持续开展保护修复，大力强化"科普品牌"和自然教育。丹霞山基地2017年入选全国首批中小学生研学实践教育基地名单，2022年被认定为广东省首批5个高品质自然教育基地，2023年入选国家林业和草原局、科学技术部公布的首批国家林草科普基地名单。

丹霞山基地通过自然资源资产权益改革和普惠性发展，捋顺了其与周边社区的关系，由"自身保护"向"带动周边一起发展"转变，由"生态保护＋生态旅游"向"生态建设＋生态旅游＋研学＋自然教育"转变，实践出独具特色的"绿水青山"向"金山银山"转化丹霞模式。

⇒ 9.3.2　主要做法

（1）开展生态旅游，盘活周边经济

一是合作开展生态旅游。为充分开发利用丹霞山基地生态旅游资源，委托韶关市丹霞山旅游投资经营有限公司负责生态旅游经营与丹霞山景区门票款收取，所收款项实行收支两条线管理。与仁化县水上丹霞旅游发展有限公司合作，收取资源管理费，并将旅游门票收入全额上缴市财政。二是引导盘活周边集体经济。针对丹霞山基地内存留的部分集体土地与山林，丹霞山管理委员会以全部租赁方式实现了对土地和山林的统一管理，社区居民获得了租金。为盘活和带动丹霞山基地周边社区可持续发展，丹霞山基地在负责景区和环丹霞山旅游产业园建设的基础上，通过推动周边基础设施建设，引导周边社区衔接发展，在履行全民所有

自然资源资产所有者职责的过程中，有效促进了周边地区的高质量发展。

（2）积极探索产业转型、业态创新，推进社区共建共享

韶关市丹霞山管委会积极探索丹霞山基地与周边社区共同发展。一是加强资源整合。建立广东省首个科普小镇，将社区 20 余家民宿、客栈、家庭农场等机构培育成科普学堂，经营者和当地村民成为丹霞山保护的宣传员。二是引导产业转型。引导村民、经营者转型从事生态旅游、生态农业、科普研学等产业，推动融合发展，仅阅丹公路上就有 50 余家民宿、客栈参与从事生态保护和旅游服务。三是推进"旅游 + 科普"产业化。立足丹霞山基地资源优势和品牌效应，加强与红军长征粤北纪念馆、石塘古村等旅游资源互动串联，推出生态旅游、科普研学产品和线路，促进社区融合和乡村振兴。

（3）做足"+"概念，大力发展丹霞生态文体旅产业

一是丹霞山基地依托其良好的森林资源，在政府资金的支持下，通过"政府 + 市场"的模式，利用场地资源优势开发有关自然资源的相关课程，为公众提供良好的生态环境与森林旅游胜地。二是充分利用丹霞山基地特色资源和独特文化，丰富旅游业态，延伸产业链条，推动丹霞山基地旅游发展，促进生态产品价值转化。形成了"生态旅游 + 文化传承 + 自然教育""生态旅游 + 文化传承 + 自然教育 + 文创产品""生态旅游 + 自然教育 + 商业租赁"多种结合模式，推动生态旅游和产业融合。三是在响应公园公益导向的基础上，为实现丹霞山基地的可持续发展，在充分论证的基础上，针对不同类型、不同年龄段、不同户籍的旅客实施差异化的门票政策，实现了较好的生态旅游收益。

（4）强化科学研究，助力科普发展

在丹霞山管理委员会基础上，加挂"广东韶关丹霞山国家级自然保护区管理局"牌子，借用外力，凝聚社会各界人才，逐步建立了由管理机构工作人员、科研机构专家、行业科普达人、社区原住居民、景区从业人员组成的多层次的科研监测和科普传播队伍。同时，充分探索多方参与支持保护区科学研究，主动服务、积极外联，充分发挥高校、科研院所和专家团队的力量，先后与中山大学、中国地质大学等国内 30 余所高校和科研院所建立产学研合作平台。在 10

多年的探索实践中，丹霞山基地通过开展广泛的科研合作、引入新技术手段、建立多层次科研监测队伍等措施，进一步摸清丹霞山资源家底，为丹霞山基地的科普教育与科普宣传工作提供了基础素材支撑。

丹霞山管理委员会与高校或科研院所合作编写了大量不同广度和深度的科研和科普教育教材，如《广东丹霞山动植物资源综合科学考察》《丹霞山常见野生动物图谱》《丹霞山蝴蝶图鉴》《丹霞山地学实习教程》《生态环境野外综合实习教程》等。丹霞山基地专门制定了针对高校和科研机构的门票减免政策，向省内外一大批地质、生态、林业、旅游等特色院校和科研机构发送《致高校和科研机构的一封信》，介绍优惠政策和配套服务，赠送图书等，吸引了中山大学等一批高校落地丹霞山实习和科研。

（5）打造多样化的自然教育路线或产品，丰富自然教育产品与特色

打造科普研学线路。依托丹霞山基地的资源禀赋，在开放区域建设了9条特色鲜明、主题各异的科普研学线路，设立1 000多块图文并茂的科普解说牌。一是根据不同的科普受众群体需求完善丹霞山博物馆生物多样性厅等科普场馆及设施，新建的观鸟、观蝶、观萤3条主题教育径都选在游客较多的位置。建立和完善科普体验产品，打造品牌效应。二是按照学科体系划分，以学龄层次和学时为依据研发了200多个科普体验产品，内容涵盖地质地貌、地理、生物多样性等，适合不同年龄段学生体验学习。三是通过积极举办自然观察系列比赛、公益科普体验课程等丰富的科普活动，吸引中小学师生走进丹霞山基地，将优质服务形成口碑效应；通过举办推介会、科普讲座进校园、走访对接等方式加强与教育行政部门、学校和研学机构对接，宣传推介丹霞山基地丰富的研学资源，形成良好的合作关系，丹霞山基地品牌输出模式雏形已现。

⇒ 9.3.3　主要成效

（1）丹霞山生态保护修复成效明显，生物多样性持续提高

通过实施系列生态保护修复工程和持续推动的科普教育工程，有效保护了丹霞山生态环境与生物多样性。自2019年以来，丹霞山基地相继发现12个动

植物和菌类新种。截至 2022 年 12 月，记录高等植物 2 270 种；昆虫 1 516 种；脊椎动物 448 种，其中鸟类 248 种、两栖动物 29 种、爬行动物 72 种、哺乳动物 48 种、鱼类 50 余种；大型菌类 300 种。在丹霞山基地发现和命名的新物种有丹霞梧桐、丹霞兰、丹霞小花苣苔、丹霞山天葵、黄金报春苣苔、陈氏珠毛泥甲、丹霞山铁角蕨等 39 种，绝大部分是仅在丹霞山基地分布的极小种群或特有物种，目前还有大批新物种待鉴定发表，新增鸟类记录 17 种。国家一级重点保护野生动物中华秋沙鸭、黄胸鹀等频繁现身，野外监测显示，有 30 余种国家二级重点保护野生动物非常活跃，种群数量显著增加。随着丹霞山基地野生动植物物种数量不断增加，新种、新分布记录种不断刷新，显著提升了丹霞山基地多样性的科学价值，在我国自然保护地中生态资源禀赋的珍贵性和重要性更加引人瞩目。

（2）丹霞山发展辐射带动了周边社区人居环境建设

位于丹霞山基地边、锦江东岸的瑶塘新村，通过"丹霞彩虹"及生态宜居美丽乡村建设，不仅提升了"颜值"，还走出一条以民宿经济为核心的特色村庄发展道路。2015—2019 年，在火爆的丹霞山旅游经济效应的带动下，瑶塘新村形成了全丹霞基地重要的 3 处民宿集聚地。目前，瑶塘新村已经建成以自然生态、禅文化、音乐休闲、图书阅览等为主题的特色民宿 44 间，建设一批农家乐、特产店，成为集旅游、住宿、娱乐、购物于一体的特色乡村。2019 年 7 月，瑶塘新村入选第一批全国乡村旅游重点村名单；其所在的黄屋行政村也于 2021 年被评为中国美丽休闲乡村。

（3）丹霞山发展辐射带动了周边生态旅游产业的发展

依托丹霞山基地的辐射带动作用，瑶塘新村开启了"民宿＋文创农创＋美丽乡村生活圈"的发展模式，带动全域旅游发展，迈出了推动乡村振兴的第一步。目前建成丹霞民宿、客栈、农家乐 500 余家，仁化瑶塘新村入选全国乡村旅游重点村，艺术家客栈、禅意客栈被评为国家乙级民宿（全省仅 3 家），丹霞红色线路入选全省乡村旅游精品线路，有效带动了周边万余名村民投身生态旅游事业。2016—2019年，年均旅游人次超过 260 万，年均旅游收入超过 6 000 万元。2023 年第一季度，丹霞山基地接待游客 31.66 万人次，同比增长 370%。2023 年"五一"假日期间，丹霞山基地接待游客 14.7 万人次，同比增长 753%；收入 384.48 万元，同比增长627%。

（4）打造了一批独创的自然教育科普品牌

丹霞山基地致力于培育丹霞山科学名山科普基地品牌，先后建成丹霞山博物馆、国土资源科普基地、青少年科普科教基地以及高校教学实习实践基地。开辟了多条地质和生物多样性科考科普线路，设置了完善的科普解说体系，编印了《丹霞山地貌》《中国红石公园丹霞山》《奇美天成丹霞山》系列科普图书，开设了地质地貌、生物多样性等科普讲座，推动成立韶关市丹霞科普研学实践中心，打造了"中国丹霞进校园"科普品牌，年均接待科普旅游者 40 万人次。中国丹霞进校园、丹霞山科普志愿者训练营、丹霞山自然学校、奇美天成丹霞山图书漂流等一批科普创新品牌，在国内外颇具影响力。目前，丹霞山基地共吸引了自然保护区及高校 70 余批，1 450 多人到丹霞山基地开展交流合作、科研调查及实习实践。

（5）反响热烈，参与积极，自然教育影响成效明显

通过进一步创新打造系列品牌活动，先后开展中国丹霞进校园、科普志愿者训练营、自然观察大赛等科普宣传活动 600 余场，超 10 万人次参与。丹霞山国际山地马拉松赛、徒步丹霞、丹霞山自行车赛等大型赛事活动品牌效应日益明显，丹霞山基地知名度和美誉度不断提升。大批本地科普导师（如蝴蝶姐姐、鸟人、蓝莓奶奶、乡村梅子等科普达人）是丹霞山科普游的主干力量，每年服务的公众超百万人。

2019—2022 年，丹霞山基地还联合社区自然教育导师、各界科普达人和全国地质公园科普导师上千人次开展了抖音科普短视频大赛、线上自然教育和科普研学论坛、线上直播导赏和自然教育导师培训。在丹霞山保护区管理局的引导和帮助下，一大批返乡创业者由经营者和创业者成功转型为科普产业带头人，凝结在丹霞山基地周围，形成了充满活力、友爱互助的学习成长型社区，构筑了独一无二的丹霞山科普小镇。丹霞山基地推动的科普教育有效地营造了社区和谐的氛围环境，在科普小镇全域共同学习成长的氛围下社区居民与管理者和游客和谐相处，乡村社区居民的科学素养和生态文明理念不断提升，科普教育的社会效益得

到不断体现。随着科普游的拓展和丹霞山基地生态旅游服务的提升，参与科普游的游客比例逐年攀升，科普研学旅游收入迅速增长，带动了乡村旅游、生态旅游和休闲旅游的稳步增长，科普产业创造了丹霞山基地新的经济增长点。

9.4　内伶仃岛—福田红树林国家级自然保护区自然教育基地生态产品价值实现

⇒ 9.4.1　案例背景

2019 年，广东内伶仃岛—福田红树林国家级自然保护区自然教育基地（以下简称福田红树林基地）通过广东省林业局命名挂牌成立。该基地位于珠江口内伶仃洋东侧，处在深圳、珠海、香港、澳门之间，总面积约 554 公顷，最高峰尖峰山海拔 340.9 米。内伶仃岛—福田自然保护区建于 1984 年 10 月，1988 年 5 月晋升为国家级自然保护区，总面积约 921.64 公顷，它由内伶仃岛和福田红树林两个区域组成。其中，福田红树林基地是全国唯一一处在城市腹地的、面积最小的国家级森林和野生动物类型的自然保护区。

内伶岛上山峦起伏，峭壁峥嵘，水源丰富，植物茂盛，植被覆盖率在 80%以上。岛上植物有 821 种，主要的乔木有马尾松、椿树、桉树、青果榕等，其中金毛狗、桫椤、野生荔枝、野生龙眼等为国家重点保护植物；其他的植物主要有鸡矢藤、酸藤果、菝葜、蛇葡萄、海金沙等。岛上的动物资源也十分丰富，有猕猴（16 个自然群超过 1 000 只）、穿山甲、果子狸等哺乳类；鸢、鸶、褐翅鸦鹃、四声杜鹃等 200 多种鸟类；此外，还有蟒蛇、金环蛇、石龙子等 20 余种爬行类；虎纹蛙、姬蛙、黑眶蟾蜍等两栖类；昆虫仅蝶类就有 80 多种。其中更是包含水獭、中华穿山甲、黑耳鸢、蟒蛇等重点保护动物。

近年来，福田红树林基地依托内伶仃岛—福田自然保护区内丰富的动植物资源，致力于生态保育、生态修复、生态旅游和自然教育，让优良的动植物资源和生态环境成为公众近距离体验红树林湿地、亲近自然的沉浸式体验空间，积极探索社会民间力量参与自然生态保护建设、管理的新模式，借助红树林基金会（MCF）、世界自然基金会（WWF）、观鸟协会等 NGO 的社会力量，共同开展自然教育工作，走出了一条独具特色的生态产品价值实现新模式。

⇒ 9.4.2　主要做法

（1）建立"政府＋市场"的生态产品价值实现模式路径

福田红树林基地依托其良好的生态资源，在政府资金的支持下，通过"政府＋市场"的模式，利用场地资源优势开发自然资源相关课程，为大众提供良好的生态环境与红树林旅游胜地。坚持政府主导作用，不断完善生态产品价值实现的顶层制度设计，探索区域特色实现路径。激发有效市场在经营性生态产品价值实现过程中的作用，注重生态资源利用与社会经济发展的协调统一，实现生态产品价值的安全转换，并作为对政府政策的有力补充。

（2）发挥恢复生态修复示范作用，提升保护物种栖息地质量

福田红树林基地高度重视对鸟类、猕猴等保护物种及其栖息地的保护和管理，严控下海作业，打击非法捕捞。增加管护人员和保安员，展开不定时定点的拉网式巡逻，有效地打击和遏制了破坏自然资源的行为，促进了物种家园质量的提高。目前保护区猕猴增长速度较快，据估测数量可能超过 1 000 只。

（3）发挥科学研究示范作用，提高自然保护区科研能力

自摸索出有效防治薇甘菊的方法以来，福田红树林基地在全国率先研究了红树林病虫害的防治对策，并应用于病虫害防控与管理。同时建立科研监测中心、野生动物救护站、野生动物疫源疫病监测站，积极开展保护区资源调查和科研监测工作，打造一流的保护区科研基地。使用"生物多样性检测综合管理平台"，利用增压器解决电力远程传输的损耗问题。通过水闸、鱼闸两道闸门的开关控制，实现开闸放水时鱼虾仍留在塘内；通过摄像头和远程水闸管理平台实现水闸启动的远程控制和水位可视化。智能水闸的建立使鱼塘水位调控和生物交换更精准、便捷，为水鸟提供了更多的食物选择。在智慧监测方面，保护区共有 31 台

红外相机，它们不仅能清楚拍摄入镜的生物，还能进行抓拍物种分析。

（4）发挥宣传教育示范作用，建立完善的公共教育体系

增强科普宣传主题活动日的建设，开展夏令营、教育营等丰富多样的科普教育活动，修复并增加宣教设施，形成了完善的科普教育体系。①建设基础设施。福田红树林基地设施完善，配备了宣传栏、观鸟亭、观鸟屋、观鸟长廊、苗圃体验基地以及自然教育中心等。福田红树林基地还加大了资金投入，通过新建教育径、增设展板、修缮书吧、建设苗圃体验基地等措施逐步完善提升区内的教育设施，形成了多条组团式、体验式、沉浸式、自导式的教育径，大幅提升了保护区的教育服务能力。②自然教育径建设。福田红树林基地现有 6 条教育径，沿途设有科普展板，可以学习湿地、红树林植物、鸟类、鱼塘生境改造等相关知识。福田红树林基地还为来访者提供了观察湿地鸟类形态、学习鸟类行为知识、探索多样湿地"精灵"、了解湿地生态系统等板块。③自然教育人才队伍建设。同时，福田红树林基地创新宣传、教育模式，除了基地专职人员队伍，还引入多家 NGO、学校教师，汇聚社会教育力量，邀请业内知名专家、学者共同开展教育活动，营造全民参与、共同保护的社会氛围，形成一支长期稳定活跃的志愿者队伍，满足基地宣传、教育需求。

⇒ 9.4.3　主要成效

（1）基地建设产生了良好的社会效益

近年来，福田红树林基地不断加强对自然资源的保护与管理，成为动物理想的栖息场所，为物种保护和繁衍提供了栖息地，并依托丰富的资源和深厚的历史文化底蕴以及得天独厚的地理条件，开展了一系列自然教育活动，给身处繁华都市的人们带来了一片难得的宁静。

（2）打造了国家级博物馆

2022 年 4 月，深圳市建筑工务署为深圳红树林湿地博物馆的展陈设计进行预招标。作为国家林业和草原局与深圳市政府共同建设的国家级博物馆，深圳红

树林湿地博物馆将与国际红树林中心相结合，占地面积约 10.8 万平方米，展览面积约 1.2 万平方米，集红树林生态保护、陈列展览、收藏保护、科普教育、科学研究、国际会议与娱乐休闲于一体，共同打造具有独特意义的中国城市生态文化名片。

（3）丰富了红树林生态监测和科学研究

目前，中国红树林长期的跟踪监测系统初步建立，对红树林系统的监测和规划研究逐步强化。福田红树林湿地资源环境综合监测和评估体系的构建，为及时掌握基地内生态环境质量变化，对重大工程和重点功能区进行监测与预警并进行溯源分析，找出造成环境质量变化的因素，制定相应的措施提供了可靠依据。为深圳市制定产业和环保政策、编制土地利用规划、科学管理滨海湿地提供决策依据。

（4）自然教育加快了基地生态产品价值的实现

福田红树林基地主要生态产品包括物质性产品供给、调节服务产品供给和休闲文化服务产品供给三大类。物质性产品作为红树林蓄积得以保存，调节服务产品和休闲文化服务产品则通过每年举办多次的科普宣教与自然教育活动等得到实现。

（5）碳汇交易显化了基地的生态产品价值

2023 年，福田红树林基地通过竞拍的方式，对基地内约 126 公顷红树林湿地保护活动在第一监测期（2010 年 1 月 1 日至 2020 年 1 月 1 日，碳汇总量共 38 745.44 吨）内的红树林保护碳汇量 3 875 吨进行了拍卖。起拍价格为 183 元 / 吨，最终竞拍价格为 485 元 / 吨，竞拍收益为 1 879 375 元，溢价率为 165%。此次福田红树林国家级自然保护区与深圳市家化美容品有限公司完成了碳汇交易，彰显了福田红树林生态产品的内在价值。

9.5　福田红树林生态公园自然教育基地生态产品价值实现

⇒ 9.5.1　案例背景

2020 年，深圳福田红树林生态公园自然教育基地（以下简称福田生态公园）通过广东省林业局命名挂牌成立，依托深圳福田红树林生态公园开展建设工作，总面积约 38 公顷。福田生态公园位于福田红树林国家级自然保护区东侧，东临深圳河、新洲河，南为深圳湾，以亚热带海湾红树林湿地为主要风景特征，同时具有多种不同类型的湿地、陆域生境和丰富的动植物资源，是深圳湾湿地的重要组成部分。近年来，福田生态公园依托生态公园丰富的湿地资源，致力于生态保育、生态修复、生态旅游和自然教育，让优良的湿地资源和生态环境成为群众近距离体验红树林湿地、亲近自然的沉浸式体验空间，走出了一条独具特色的红树林生态产品价值实现新模式。

⇒ 9.5.2　主要做法

（1）创新运营管理和多元化生态保护补偿模式

为更好地提高福田生态公园的生态效益，政府将其委托给专业环保机构——红树林基金会管理，同时组建专业管理委员会，对公园进行指导评审、监督检查、评估考核等工作，以弥补政府和社会公益组织在城市公园管理中的职能和权责缺陷，构建了"政府—社会公益组织—专业管理委员会"三维管理架构。基于福田红树林生态公园管理运营的特点，其生态保护补偿模式更加多元化。生态公园的生态补偿资金由两大模块组成，总体以政府财政拨款为主，社会募集资金为辅，其中社会募集包括企业合作、同业组织支持、平台合作与个人捐赠 4 个渠道。2021 年，各类资金共计投入 19 290 万元。福田区政府以采购服务的方式投入公园物业管理（包括保安、保洁、园林绿化等）为市民提供服务，并由福田区水务局牵头成立专家管理委员会，为红树林基金会的管理运营提供专业技术指导与各方面链接资源等。生态公园的监测、修复、自然教育、社会参与活动等则由红树林基金会来管理。在此管理模式下取得的生态保护成效，一直以来广受国内外参访政府单位和同业的褒奖，成为全国城市公园和湿地修复的学习标杆。

（2）实施生态保护修复与价值增值模式

以提高福田生态公园生态环境和丰富生物多样性为目标，公园实施了一系列生态保护修复工程。例如，为达到增加鸟类和两栖爬行动物的丰富度的目的，通过老河口滩涂修复，小湖两栖摇篮建设等方式改善环境；开展百草园、花趣园、藤本园等主题生态区和生境改造项目；修复土壤面积 14 500 平方米；利用老新洲河口的潮汐水位，修复新洲老河口 600 米堤岸地形；构建水路连通系统，修复淡水湿地生境 4 500 平方米，营建以鸟类、两栖爬行动物、水生昆虫、水生植物、雨林植物为主要栖息群落的林下湿地生境，同时配置乡土植物，营造适宜野生动物生存的淡水浅水栖息地。定期对福田生态公园开展生物多样性调查与环境监测，为公园规划提供建议；评价园区管理成效，促进生态保护，提升群众满意度，带动生态产品增值溢价。

（3）开展形式多样的保育与自然教育相结合的自然教育活动

依托福田生态公园特色及湿地分布、植物分布、土壤特性、红外监测点等场域特点，因地制宜开展多种保育与自然教育相融合的活动，包括课程研发、举办主题活动等。基于生态公园内，分区、分类设计不同的自然教育活动。①课程研发。通过与保育团队合作，让课程与保育目标对齐，形成主题框架，研发上线了多门环境课程，并与福田区多所学校合作开展师生科普教育课程活动。②举办主题活动。近年来，陆续开展了导览讲解类的科普展馆导览运营等；举行大型科普互动活动，如琵鹭节、野生动植物保护主题线上宣传活动等，公众科学类活动如生态速查活动、城市自然挑战赛、飞蓝堤定点观鸟等。建造了第 19 届国际植物学大会纪念园并启动了"2121 计划"，以实际行动践行绿色可持续发展理念，打造绿色可持续发展样板。

（4）实施生态产品产业化经营模式

依托福田生态公园自然资源及环境条件，挖掘和显化基地自然生态的内在价值。①生态旅游。通过对基地进行生态保护修复，提升环境质量及生物多样性，打造生态园区，设计各类主题园区、场馆等为群众提供生态旅游场所。②生态产品产业化。福田生态公园在红树林基金会管理模式下，其生态产品的产业化主要是根据基地自然资源特色，进行文创产品的开发设计。设计与物种相关的T恤、帽子、木制品、贴纸、公仔等，通过在公益淘宝店出售、App开屏广告合作等方式获取收益，作为园区管理运营项目投入来源之一。将生态产品的价值附着于工业品、服务产品中，树立和打造福田红树林生态公园特色生态品牌，增值生态产品价值，提高公众对生态公园的知悉度，吸引更多的人流回馈。

（5）科技赋能生态产品价值的实现

①导入先进装备技术。福田生态公园内具备自然科普教育相关专业设备，如防潮箱1个、双筒望远镜45台、单筒望远镜2台。②视听声光展示。福田生态公园科普馆是以红树林湿地、鸟类家园以及沙嘴村口述史为主题的深圳市第一个国家生态环境科普基地。"红树林世界"是整个展馆最重要的板块，该区域结合了最新的声光电多媒体手段，不同形式的互动装置，综合视频演绎、触摸互动、红外操控、油墨导电、动画捕捉等多元交互形式。目前，福田生态公园内铺设了电缆、光纤，安装了多台云台摄像机、热成像摄像机以及红外相机，进一步提升了野生动物监测的质量和水平，实现了园区内生物全天候实时在线监测。通过这些"黑科技"，能有效捕捉到动物身影，不仅便于市民通过科技手段"近距离"目击"明星物种"，也有利于对鸟类和其他兽类进行调查研究。

⇨ 9.5.3　主要成效

（1）生态保护修复成效明显

自2017年对5 000平方米红树林湿地进行生态修复实验性治理以来，到2021年秋共修复治理160 000平方米，项目地范围内外来红树面积减少76%。根据生态监测结果，截至2021年11月，区域内记录有维管束植物723种、昆虫

1 097 种、鸟类 167 种、两栖动物 8 种、爬行动物 12 种、哺乳动物 7 种、游泳动物（鱼类和甲壳类）6 种、浮游藻类 68 种、底栖动物 88 种等，其中植物新增记录 37 种，昆虫新增记录 90 种。截至 2022 年，区域内记录有野生维管束植物 736 种，陆域脊椎动物 245 种，昆虫 1 118 种，其中国家一级重点保护野生动植物 6 种、国家二级重点保护野生动植物 29 种，还有红树植物 22 种、世界自然保护联盟濒危红色名录和中国新记录昆虫 10 余种等。这里还是濒危珍稀候鸟黑脸琵鹭的重要越冬地，近年来也频频出现 20 余年未见的欧亚水獭、豹猫、小灵猫等国家级野生保护动物，标志着深圳湾整个生态环境向着一个好的方向发展，优质生态产品的供给能力大幅提升。

（2）生态产品价值总值高

2021 年 12 月 24 日，红树林基金会联合中国科学院生态环境研究中心等单位共同完成了福田生态公园 GEP 核算报告。核算结果显示，福田生态公园每年提供生态服务价值 1.92 亿元，是深圳市重要的生态产品供给区域，单位面积调节类生态产品供给能力是全市均值的 2.28 倍，单位面积总生态产品供给能力是全市均值的 7.43 倍。生态公园除了具有重要的生态功能，还发挥着重要的文化服务功能。公园年均访问人次为 130 万，年举办科普教育活动获益 1.1 万人次，在半径 2 千米范围内为约 150 万平方米建筑空间提供各类型景观增值服务。这些文化类生态产品价值年均约 1.61 亿元。

（3）获得了大量荣誉奖项

福田红树林生态公园自建设以来，实施了系列保护修复项目，提升了生态产品的数量和质量，持续不断地为市民提供休憩和自然教育的场所，同时获得了系列荣誉奖项，包括深圳市治污保洁工程优秀项目、深圳市市级湿地公园、深圳市环境教育基地、深圳市自然教育中心、福田区中小学生态文明教育基地、美国专业机构 Nature Explore 国际认证、国家生态环境科普基地辅导点、深圳自然学校、自然教育学校基地、儿童友好城市实践基地、广东省环境教育基地、深圳市科普教育基地、广东省自然教育基地、中国 2020 年公益保护地名录、第五届鹏城慈善奖鹏城慈善典范项目、国家生态环境科普基地、科技部颁发的全国科技活动周优异奖等。

（4）生态产品价值外溢逐步显化

以活动带动公民科普宣传。福田生态公园以场域为基础，研发具有场域特色的自然教育课程和活动，定期向公众提供富有趣味性和启迪性的自然教育活动。截至 2021 年，受生态公园优美生态环境和自然科普活动吸引，生态公园接待访客总量达 780 万人次，服务周边社区居民 25 万人，围绕生态公园修复区（小湖）共组织课程导览 353 次，举办大型科普传播活动 687 次，组织参访调研 272 次，累计 66 337 人次参与科普教育活动。让"生态优先，绿色发展"的理念深入人心。自然教育、科普宣传力度大、范围广、形式多样。福田生态公园制作有《福田红树林生态公园常见昆虫图鉴》《福田红树林生态公园常见两栖爬行动物图鉴》《福田红树林生态公园常见红树植物图鉴》3 类物种图鉴、《福田红树林生态公园》宣传折页。通过参访调研、展馆导览（含自导览）和公众活动、游客游园自取等形式发放宣传品 5 380 本。此外，还通过红树林基金会筹备项目宣传片、微信公众号与新浪微博发文宣传等。福田生态公园在公园管理中兼顾公园的常规管理、生态保护和科普教育，启发并提升公众关注、参与公园管理和环境保护的意愿，为公众展示生态环境保护科技与生态文明建设实践成果，让公众多渠道了解环境知识。

（5）形成了福田生态公园特色的自然教育体系

红树林基金会根据公园生境，在教育设施、课程研发及面向公众的自然教育活动方面做了大量的工作，逐步形成了依托公园湿地修复设立的生态公园自然教育体系，为公众提供自然教育学习资源、欣赏价值和文化娱乐等。自 2019 年以来，以正门处的生态科普地图为中枢、科普知识牌（19 块）为神经脉络、树牌和物种牌（46 块）为神经末梢的公园科普导览体系搭建完成，进一步优化了"非人解说"自然教育系统。2022 年 10 月，整体植物学大会纪念园教育径落地；推出线上游览的生态地图，实现扫码"云游公园"。志愿者是基地运营管理和整个自然教育体系的特色之一。公园建立了志愿者招募、培训、维系和服务支持的完整管理体系，搭建了公众参与环境保护平台。已建设一支由 425 人组成的稳定、专业的志愿者队伍，组织志愿者培训 54 次，共同开展自然教育活动以及参与园区生境管理工作，志愿者服务时长累计达 12 992 小时。

（6）民生福祉日益改善

福田红树林生态公园自 2015 年开园以来，在教育设施、课程研发及面向公众的自然教育活动方面做了大量的工作，逐步形成了依托公园湿地修复设立的生态公园自然教育体系，环境教育设施先进，户内外科普教育设施齐备，自然教育人才配备齐全，志愿者队伍基本成熟，活动开展全覆盖，居民参与度不断提高。群众不仅可以体验基地优良的生态产品，可以享受丰富的自然教育服务，还可以通过志愿形式参与到自然教育中，参与感、获得感与幸福感日益增强。

9.6 深圳华侨城国家湿地公园自然教育基地生态产品价值实现

⇒ 9.6.1 案例背景

2014 年，华侨城湿地自然学校通过深圳城市管理局命名挂牌成立，依托深圳华侨城湿地公园开展建设工作。自然学校依托的华侨城湿地公园位于深圳市内，总面积 68.5 万平方米，是国际候鸟重要的中转站、栖息地。深圳华侨城国家湿地公园与深圳湾水系相通，生物资源共有，是深圳湾滨海湿地生态系统的重要组成部分，属于滨海湿地。2019 年，广东深圳华侨城国家湿地公园自然教育基地（以下简称华侨城湿地）依托华侨城自然学校挂牌成立。华侨城湿地内文物古迹众多，森林覆盖率为 40.68%，自然资源种类丰富，分布有许多珍稀濒危动植物资源。

近年来，华侨城湿地依托丰富的自然资源和深厚的历史文化底蕴以及国家公园筹建的契机，大力强化"科普品牌"，开展了系列自然教育活动，引导自然教育产业化发展，持续做强自然教育品牌，辐射带动了全国自然教育工作的开展，走出了一条独具特色的自然教育基地生态产品价值实现的华侨城模式。

⇒ 9.6.2　主要做法

（1）湿地生境优化，实施生态保护修复工程

华侨城湿地以提升生物多样性为目标，结合国家湿地公园建设，对华侨城湿地生境的优化进行探索，优化鸟类栖息地，营造多种栖息类型，梳理本土资源、深化生境监测模式。利用换水箱涵、手作步道、新增人工浮岛及滩涂改造等方式，探索湿地生境维护新模式，增加访客观察区，增建生态浮岛，丰富候鸟栖息环境。对南岸恢复重建区悦鸟斋、观鸟屋前滩涂进行改造，恢复鸟类栖息觅食的原始滩涂，并实行挖渠引水，增加鱼类洄游的通道，进一步丰富底栖生物环境，提高湿地生物多样性。结合顾问专家指导，提升管理人员专业能力，并重点针对园区生境特点，在降低影响的情况下，对生境采用部分机具的扰动，维持湿地生态功能，恢复湿地浅滩生境，增加水鸟数量。

（2）强化基地人才队伍建设

华侨城湿地自然学校联结社会各界，形成以工作人员服务队为主导，自主培育环保志愿教师、青少年志愿者，合作培育暨南大学深圳旅游学院党员服务队等，开展覆盖全园的服务。培育志愿者 600 余人，开展教育活动上万场次，直接影响公众近万人次。华侨城湿地一直把自然教育志愿者队伍建设当作一项重要工作来抓，注重志愿者培养，并且不断壮大志愿者队伍。每年组织开展 1～2 期自然教育志愿者培训，带领更多公众参与生态教育课程。2019—2021 年，华侨城湿地共举办志愿者培训活动 74 场，志愿者参与 1 554 人次。其中，包括特邀不同领域专业导师结合湿地场地资源进行的工作坊培训等，除此之外，还协助开展深圳市自然教育中心交流会，有来自多家机构和政府单位人员参与交流，这使华侨城湿地自然教育人才队伍建设取得较好的成绩。

（3）因地制宜，实施模拟潮动力恢复工程

常年受湿地水动力不足影响，老红树林存在陆地化严重、土壤板结、入侵植物肆虐等系列问题。为此，参考同类型生境做法，尝试在该区域增设定时水泵模拟潮动力恢复过程，定时抽排水喷灌红树林。抑制滩涂杂草生长扩散和改善滩涂

质地，于南岸揽碧居、悦鸟斋及东侧滩涂，大面积清理杂草后铺设除草布。阻止植物光合作用的同时利用其自身坚固的结构阻止杂草穿过除草布，从而保证除草布对杂草生长的抑制作用。另外，增设两台水泵定期喷灌滩涂，以此来改善土壤板结情况。

（4）大力发展湿地生态文体旅产业

华侨城湿地的生态产品价值实现模式有"生态修复治理与增值""生态旅游＋文化传承＋自然教育＋文创产品""生态旅游＋自然教育＋商业租赁""生态保护补偿"。华侨城湿地主要的建园理念是生态保护、科普教育，以已有湿地资源为基础，对市民开展生态教育。响应公园公益导向，为实现基地的可持续发展，在充分论证的基础上，针对不同类型的产品实施差异化收费政策，实现了较好的生态旅游收益，华侨城湿地 2019—2021 年每年的运营收入分别是 7.93 万元、1.84 万元和 12.31 万元，2019 年收入占比最多的是电瓶车，2020 年收入占比最多的是会议室，2021 年收入占比最多的是衍生品。同时华侨城湿地为深圳市民提供了一个亲近自然、参与公益的平台，致力于以自然为师，培育中国滨海湿地守护者，推动社会公众参与生态文明建设。

（5）积极外联交流，促进生态研究

华侨城湿地与各大高校间有密切的项目往来，与暨南大学深圳旅游学院、深圳大学生命科学学院、南方科技大学环境工程学院等院校开展合作，结合高校丰富的生态教育资源，为湿地公园保护与管理工作提供强有力技术后盾。华侨城湿地与南方科技大学开展科研合作项目有：2017 年开始滩涂治理创新试验，通过抑制滩涂陆地化，解决快速扩张芦苇群落导致的鸟类栖息空间减小、水域面积萎缩等一系列问题；2018—2019 年开展人工湿地净化水体试验；2020 年开展华侨城湿地物种入侵等可视化项目。同时，华侨城湿地联结社会各界，形成工作人员服务队主导，合作培育暨南大学深圳旅游学院党员服务队等，开展覆盖全园的服务，吸引了许多高校人员落地华侨城进行实习和科研。

（6）打造多样化的自然教育路线和产品

华侨城湿地秉承"一间教室，一支环保志愿教师队伍，一套教材"的"三个

一"运营模式。截至 2021 年年底，共开发了 36 个系列，多达 162 个教育方案。开展自然教育课程活动、自然教育品牌活动和志愿者活动等 6 000 余场次，影响受众超过千万人次。2021 年，华侨城湿地建设了全国首条情意感官步道"月亮步道"。它是一条按照"情意自然"体系设计的滨海徒步小道，保留其原有的自然属性，通过设计与解说牌指引，结合系统体验课程的设计，调动人们的第二感官与自己、自然、他人、童年有更深的连接，开发终身受益的品格。本项目共开发 10 套体验课程，其中 2 套为自主体验课程。

⇒ 9.6.3　主要成效

（1）生态保护修复成效明显

2007—2019 年鸟类监测数据显示，华侨城湿地鸟类与动植物种数与个体数已呈稳定趋势，鱼类、沙蚕、螺等底栖生物种类数量增至 90 种以上；植物种类由 162 种增至 393 种；湿地还栖息着 183 种鸟类。华侨城湿地生态系统趋向稳定，湿地生物物种数量增加，水质保持在三类海水标准，已然成为湿地生物乐园、公众的生态博物馆。华侨城湿地现有水域面积约 50 公顷，拥有近 5 万平方米红树林湿地，为国家二级保护鸟类黑脸琵鹭等珍稀鸟类提供了栖息地，是深圳湾物种的重要栖息地和国际候鸟迁徙路线的重要越冬地与停歇地，候鸟期湿地公园瞬时最高鸟类数量超过 1 万只。这标志着华侨城湿地整个生态环境走向一个好的发展方向，优质生态产品的供给能力大幅提升。

（2）创立了一批特色鲜明的自然教育品牌

华侨城湿地研发出了属于自己的教育课程、方案和团队。2019—2021 年，共研发新课程 11 项，制定活动方案 46 个。在各级政府单位、公司集团和社会各界的支持下，搭建绿色公益平台。在举办 4 届的湿地品牌活动"自然艺术季"中，有众多的中小学参加，获得广泛的关注，覆盖全市 6 个区，并通过深圳市生态环境局南山管理局支持，将品牌活动信息投放至全市的移动电视终端，结合线上线下方式进行宣传，使教育品牌得到大力传播。

（3）生态产品价值外溢逐步显化，以活动带动公众科普宣传

华侨城湿地以场域为基础，研发具有场域特色的自然教育课程和活动，定期向公众提供富有趣味性和启迪性的自然教育活动。2019—2021 年，华侨城湿地开展课程活动超过 360 场，活动类型超 10 种，参与人次近万。根据场域特色以及现有资源，携手环保志愿教师，打造自然书屋，购置 110 余本自然类书籍、书架、标识牌等物资，为公众打造查阅资料、交流成长的场所。此外，华侨城湿地还通过线上移动电视终端等形式进行活动宣传，在管理中兼顾公园的常规管理、生态保护和科普教育，启发并提升公众关注、参与公园管理和环境保护的意愿，向公众展示生态环境保护与生态文明建设实践成果，让公众多渠道了解环境知识。

（4）科技教育赋能基地生态产品价值实现

华侨城湿地与南方科技大学和深圳大学等高校开展了科研合作项目，在2017 年开始滩涂治理创新试验，通过抑制滩涂陆地化，解决了快速扩张芦苇群落导致的鸟类栖息空间减小、水域面积萎缩等一系列问题，营造鸟类宜居的生态家园。2019—2020 年，深圳大学与华侨城湿地开展创新科研合作，根据华侨城滨海湿地环境现状调查，完成了对华侨城滨海湿地初级生产力的估算，并根据目前生境现状，完成华侨城滨海湿地初级生产力评价。与高校开展合作交流极大地丰富了生态教育资源，为湿地公园保护与管理工作提供了强有力的技术后盾。

（5）民生福祉日益改善

华侨城湿地在教育设施、课程研发及面向公众的自然教育活动方面做了大量的工作，逐步形成了依托公园湿地修复设立的生态公园自然教育体系，环境教育设施先进，户内外科普教育设施齐备，自然教育人才配备齐全，志愿者队伍基本成熟，活动开展全覆盖，居民参与度不断提高。公众不仅可以体验基地优良的生态产品，可以享受到丰富的自然教育服务，还可以通过志愿形式参与到自然教育中，参与感、获得感与幸福感日益增强。

9.7　广州海珠国家湿地公园自然教育基地生态产品价值实现

⇒ 9.7.1　案例背景

2019 年，广东广州海珠国家湿地公园自然教育基地（以下简称海珠湿地）通过广东省林业局命名挂牌成立，依托广东广州海珠国家湿地公园开展建设工作。海珠湿地位于广州中央城区海珠区东南隅，北面琶洲会展，南望大学城，东临国际生物岛，西跨城市新中轴，总面积 1 100 公顷，是全国超大城市中心区面积最大的国家湿地公园，名副其实的广州"绿心"。

海珠湿地是我国罕见的三角洲城市湖泊与河流湿地类型，为半自然果林—河涌—湖泊复合型湿地生态系统，其水源补给来源于珠江水系潮汐涨落的水流，河流、河涌和沟渠纵横交错，主要由城市内湖湿地、河涌湿地和涌沟–半自然果林镶嵌交错的复合湿地 3 种湿地类型组成。

近年来，海珠湿地依托丰富的湿地资源和深厚的历史文化底蕴以及国家公园筹建的契机，大力强化"科普品牌"，开展了一系列自然教育活动，大力促进自然教育产业化发展，持续做强自然教育品牌，走出了一条独具特色的"湿地公园＋自然教育"生态产品价值实现模式。

⇒ 9.7.2　主要做法

（1）顶层设计，规划先行

广州市近年来编制实施了系列发展规划，实施了系列重大工程项目。《广州海珠国家湿地公园生态恢复规划》为湿地修复提供了分区分类行动指南。海珠湿地管理委员会也严格落实 绿水青山就是金山银山理念，不折不扣地推动规划落地，形成显著的社会生态效益。《广州市海珠区生态环境保护"十四五"规划》

也提出，要持续推进海珠湿地生态系统保护和恢复，开展湿地植被恢复，重点完成海珠湿地红树林恢复，通过封禁湿地修复区域、种植乡土植物、进行群落结构配置和优化等措施恢复林草植被。推进生境结构恢复与改善，通过引入关键种，建立适于鸟类、鱼类及其他野生动物生存的栖息地，恢复湿地的生物多样性。

（2）统筹保护，实施生态保护修复工程

2012 年年初，广东省委、省政府和广州市委、市政府大力支持海珠湿地建设，争取到国家"只征不转"征地政策，一次性投入 45.85 亿元征地资金，将这块地作为永久性生态用地保护起来，禁止在湿地保护范围开展任何商业开发。①湿地生态修复。2013 年，基地编制完成了《广州海珠国家湿地公园生态恢复规划》，以其为指导开展了垛基果林湿地生态修复工作，主要包括海珠湿地绿心湖水生态修复项目、海珠湖生态浮岛鸟类生境恢复工程、广州海珠国家湿地公园果基农业生态恢复示范点建设项目、广州湿地典型生态系统恢复项目、海珠湿地生态保育区（小洲片区）生态恢复项目等。②湿地水质净化。规划用地面积约 1 500 平方米，根据植物净化水质原理，利用植物根系微生物、基质（如湿地土壤）的组分对污染物的吸附、生物化学作用，发挥湿地植物对水体污染物的富集、转移、降解作用，从而降低污染物浓度、净化水质。模拟自然湿地的净水机制，建设以植物为主的人工湿地净化系统。循环利用废弃物。用地面积约 11 000 平方米，功能区划分为绿色废弃物前处理区、堆肥示范区、微生物发酵示范区，目的是通过科学讲座、科普活动等方式，宣传展示绿色环保的循环利用技术，实现湿地绿色废弃物无害化、减量化、资源化处理，年处理能力达到 5 000 立方米。

（3）因地制宜，大力开展自然教育工作

海珠湿地自然教育工作始于 2012 年，2015 年 2 月开创了全国优秀自然教育品牌"海珠湿地自然学校"，搭建由政府主导、全社会参与的开放式自然教育平台，通过吸引众多自然教育机构参与，引入社会团体、政府部门、科研院校和志愿者作为支持力量，打通"政企研学用"闭环，实施"进学校、进企业、进社区"三进战略，逐步形成自然教育的"海珠模式"，发挥着良好的社会效益、生态效益与经济效益。一是海珠湿地实施自然教育"三进"战略（进学校、进企

业、进社区），吸引众多自然教育机构参与，引入社会团体、政府部门、科研院校和志愿者作为支持力量，打通了"政企研学用"闭环；二是海珠湿地利用社会资源，共同打造湿地自然教育中心、农耕教育基地等特色自然教育场域；三是通过与学校、机构等单位合作，共同研发校本课程、自然教育读物和开展相关课程普及自然教育；四是依托海珠湿地垛基果林湿地的特点，融汇在地特色文化，积极开展湿地音乐节、龙船景、观鸟大赛、走读自然徒步大会等特色品牌活动，让自然融入生活。通过系列整合与升级打造，形成自然教育"海珠模式"。

自然教育课程与人才培养。海珠湿地在培养自身团队的同时，吸引众多有品质的自然教育机构进驻，先后与原本自然、与自然同行等60家机构建立长期合作伙伴关系，持续为公众提供形式多样的自然教育课程。海珠湿地每年面向社会公开招募和培训一期自然教育专业"雁来栖"志愿者。截至2022年10月，海珠湿地已培训专业志愿者133人，并自主组织开展公益课程共197场次，服务公众11 412人次，同时参与粤港澳三地观鸟大赛、华南自然教育论坛、海珠湿地鸟类调查、生物多样性口袋书研发等志愿服务工作。

（4）结合特色，设计独特的体验模式

根据海珠湿地与地形特色，设计适宜具有趣味性的自然教育体验模式与课程。①自然教育径。结合湿地资源特色，为丰富公众自然教育体验，在开放区建设观鸟径、亲水径、花溪径、稻田径、观鱼径、福寿果廊等9条自然教育径。其中，海珠湖雁来栖观鸟径为目前广州城央最佳自然教育观鸟径，观鸟径上设有多个自然教育解说牌和3个固定式免费望远镜供公众观鸟，并定期开展观鸟科普公益体验活动。②"1+N"的特色自然教育理念。海珠湿地实施"1+N"的特色自然教育理念，"1"是指依托海珠湿地，做强做大海珠湿地自然教育；"N"是指在海珠湿地基础上主动搭建平台，利用现代智能化装备技术、各种媒介推广海珠湿地自然教育经验，引导和帮扶其他地区自然教育工作开展。搭建跨区域跨界合作交流平台。海珠湿地自身丰富的湿地资源和良好的自然教育条件、经验，搭建了华南区域交流合作平台，推进自然教育行业专业化发展；联合粤港澳地区73家机构发起成立首个跨区域、跨界联合的粤港澳自然教育联盟，为自然教育事业发展提供广阔的实践平台。利用现代媒介开设直播课堂。2022年8月，海珠湿地"自然教育云课堂"直播同步在广东广播电视台触电新闻、广东经济科教频道

咪兔＋、bilibili 三大平台开播，在线观看人数超 15 万人次。

（5）开发文旅，利用生态产品开发文创产品

海珠湿地培育发展湿地文商旅新业态、新模式、新视野计划，具体内容包括跨圈融合，形成独具特色的文商旅综合体。激发文商旅新灵感，赋予文商旅新活力，如深度挖掘岭南果林特色文化、注入特色轻饮食、植入康体活动、深耕自然教育、借力夜间文旅经济等，不断丰富延伸"湿地效应"的辐射范围。通过引进精选品牌配套、打造周边品质商圈等，形成以海珠湿地为核心的海珠文商旅综合体，从文化、商业、美食、康体、科普、夜间等不同领域做深做实文商旅深度融合大文章，形成多业态、多形态的文商旅共生共荣发展格局。多点联动，积极拓展旅游发展新空间。为丰富游客的游览体验，充分考虑空间维度，加强复合型空间建设、水岸联动、品牌全线运营、区域梳理等，规划"生态探秘"等多条特色主题游览观光线路，并联动广州塔、文化馆等城市地标景点，倾力打造景区"都市·生态·休闲圈"，拉长旅游时间线，不断释放消费潜力。接轨国际，以国际化高站位塑造独具特色的文商旅品牌 IP。深层次、多元化结合区位优势和生态优势，通过打造文创品牌、文旅市集、文商旅嘉年华、婚庆文化交流基地等品牌IP，高品位统筹推动海珠湿地的文旅提升，在政治、生态、社会、人文和经济等方面延拓湿地功能，彰显湿地综合效应，成为国际文化交流的重要窗口。

（6）科技赋能，促进生态产品价值实现

科技发展为自然保护地的管理带来了便利，海珠湿地将科学技术纳入管理，促进基地生态产品价值实现。①智慧湿地项目。海珠湿地目前正与腾讯公司合作开展智慧湿地项目，涵盖了湿地管理、游客服务、生态修复、科研监测、科普宣教、湿地文旅文创等各个方面，实现生态事业与信息技术的全方位合作。腾讯公司认为海珠湿地地理位置优越、生态环境突出，预计通过合作打造出标杆性样本，从而复制经验，推广到全国，实现生态环境和经济的可持续发展。②新一代信息技术和"互联网＋"模式利用。通过创新场景科技驱动智慧文旅新体验与创新移动科技驱动智慧营销新方式，为海珠湿地生态文旅发展提供资源、人才支撑，助力生态资源价值转化，在游客体验、IP、生态文旅特色创新方面创造更大收益。

（7）统筹发展，开展适宜海珠湿地的生态产品价值实现模式路径

海珠湿地在"政府＋公益路径"的生态产品价值实现路径下，以海珠湿地内的良好生态环境与优秀湿地资源为依托，设计广州海珠国家湿地公园自然教育基地。在政府资金的支持下，基地收取少量门票向公众开放，提供良好的生态环境。海珠湿地依托丰富的自然资源，与第三方进行合作管理，湿地的生态产品价值实现模式是"生态旅游＋文化传承＋自然教育＋文创产品"。海珠湿地凭借独特的湿地资源优势开发自然资源相关课程，营造自然景观，通过生态环境提升、文化服务、调节服务实现生态产品价值实现。

⇒ 9.7.3　主要成效

（1）提升了湿地质量，增强了优质生态产品的供给

完成湿地修复面积 1 000 亩，实现了垛基果林湿地生态系统结构稳定、生态功能提升以及湿地文化的传承与发展。经过 10 年的湿地保护与修复工作，海珠湿地蓄水能力约 200 万立方米，借助自然潮汐，海珠湿地两天可自然置换水体一次，基本可以解决湿地周边城区雨洪排涝问题。海珠湿地水生态修复后，绿心湖水的总磷、总氮、氨氮、COD 等水质关键指标显著下降，透明度显著提升。水体水质基本从 V 类提升到 III 类，部分指标达到国家 II 类水质标准，有效改善了中心城区的生态环境。海珠湿地的生物多样性也得到了显著提升，鸟类种数从 2012 年的 72 种增加到修复后的 187 种，昆虫种类由 66 种增加到 738 种，成为粤港澳鸟类生态走廊的重要节点。

目前，广东省正研究将海珠湿地纳入广州国家植物园体系，构建更高能级的生态系统。依托湿地，迁地保育华南地区珍稀乔木，建立湿地植物"种源库"，打造生物多样性保护示范园，让海珠湿地成为中国乃至世界的生态地标。

（2）丰富自然教育课程，与其他自然教育机构协同发展

海珠湿地坚持以匠心铸造高品质的自然教育课程，先后研发出探秘湿地、飞羽天使、校本课程等系列精品课程，现已常态化开展生机湿地、暗夜精灵、岭南农耕等系列课程，吸引并支持越来越多有良好资质的自然教育机构参与，为不同

年龄群体提供形式丰富、生动有趣的自然教育课程。海珠湿地多部自编教材被中国林学会评为"自然教育优质活动课程"，自然教育工作经验作为示范案例编入《国家湿地公园宣教指南》《自然学校优秀案例选集》等书籍，引领着全国湿地公园宣教和自然教育的示范。2017 年年初，海珠湿地联合 9 所学校的骨干教师共同研发"海珠湿地校本课程"，研发期试教涉及 13 所小学 2 000 多人次，最终研发出"湿地基因""湿地鸟趣""湿地绿影"3 个单元 18 节课。该课程通过室内教学与户外教学相结合，配套相应的学生用书、教师用书、教学 PPT 以及 40 多款电子教具，现已在 20 所试点学校常态开展，被广州市教育局评为优秀的青少年科教项目，被中国林学会评为全国"自然教育优质书籍读本"。印发《海珠湿地动植物手册》《海珠湿地观鸟手册》等宣传手册 10 万余册，出版《探秘海珠湿地：鸟类志》等科普类书籍，具有重要的教育价值。

（3）开设自然教育实践课，加速形成海珠湿地的自然教育品牌

海珠湿地"线上＋线下"相结合的别开生面的自然教育实践课，加速推进基地成为国内一流、具有国际影响力的自然教育品牌，同时使其自然教育的价值实现了外溢，促进生态产品价值实现。

（4）促进了康养发展，实现了生态产品的初步利用

海珠湿地内的海珠湖、生态科学园预约免费入园。海珠湿地一期、二期和三期成人门票 20 元 / 人，成人票节假日优惠价 16 元 / 人；儿童、未成年人、60 岁及以上老人、学生优惠票 10 元 / 人；停车费 10 元。游览船费个人费用 20 元 / 人（单程），30 元 / 人（双程），包船 400 元 / 次（需提前 3 个工作日以上发函预约）。游览车个人单程费用 10 元 / 人，包车 200 元 /2 小时（需提前 3 个工作日以上发函预约）。

海珠湿地除有龙眼果干、荔枝干外，还依托生态公司，基于湿地的生态资源，开发设计了"文创雪糕""志愿者衫""生态米""创先联盟套票"等文创产品，新的更多的文创产品将会在今后陆续开发。

（5）加速打造全方位首屈一指的智慧湿地，减少人类活动对湿地的部分不利影响

海珠湿地共建有固定监测站 12 座、水质人工监测断面 32 个、永久监测样

地网格 9 个，分别对湿地的空气、水质、土壤、生物多样性等进行监测，实现了 24 小时自动监测、预警提醒、数据实时传送。2018 年启动的"海珠智慧湿地建设"项目以信息网络为基础，充分整合利用互联网、物联网、人工智能、大数据、云计算等新基建技术为湿地赋能，成为海珠湿地配套更为智能化、科学化、精细化的管理手段和工具，提升湿地公园数字化管理水平，实现海珠湿地高质量发展的需要。进行低干扰、低耗能生态信息监测站建设。2022 年，海珠湿地在海珠区湿地保护管理办公室等部门支持下，与广州市城市规划勘测设计研究院合作，在海珠湿地湖心岛架设完成"城市生态感知与人居环境实验室"首台集成式低干扰低功耗生态信息监测站。站点采用了多功能集成式低功耗监测设备，可实现多环境参数与视像采集，将为后续探索生态与人居环境监测，持续深入开展湿地气候调节、雨洪调蓄、生物多样性维护等综合生态功能与效益研究提供科学支撑。

（6）基地示范创建与奖项荣誉

海珠湿地获首批全国自然教育学校（基地）、全国中小学生校外研学实践教育基地、全国科普教育基地、中国生态学学会生态科普教育基地、国家林业和草原长期科研基地、全国林草科普基地、国家青少年自然教育绿色营地、第六批中国重要农业文化遗产、广东省高品质自然教育基地、广东省科普教育基地、广州市中小学生研学实践教育基地、广州市港澳青少年研学实践教育基地等。自建立以来，海珠湿地获得了多项奖项，包括国际风景园林师联合会亚非中东地区奖（IFLA AAPME）自然生态类别和开放公园类别的杰出奖（Outstanding Award）、中国人居环境奖、生态中国湿地保护示范奖、中国风景园林学会科学技术奖一等奖、南粤林业科学技术一等奖等。

第 10 章 〉

广东省动植物园类自然教育基地生态产品价值实现

- 10.1 广州动物园自然教育基地生态产品价值实现
- 10.2 中国科学院华南植物园自然教育基地生态产品价值实现

10.1　广州动物园自然教育基地生态产品价值实现

⇒ 10.1.1　案例背景

2020 年，广州动物园自然教育基地（以下简称广州动物园）通过广东省林业局命名挂牌成立，依托广州动物园开展建设工作。广州动物园是广东省林业局直属的公益二类事业单位，位于广州市越秀区，东邻十九路军陵园，南接环市东路，西边云鹤路，北衔先烈中路，有南门和北门两个出入口，两门均设有停车场，于 1958 年建成开放，占地面积 42 公顷。

广州动物园共有选自全国和世界各地的哺乳类、爬虫类、鸟类和鱼类等动物450 余种（2013 年）4 500 多头（只），其中不少为世界珍禽异兽。属于国家一类重点保护动物的有大熊猫、金丝猴、黑颈鹤等 35 种，属于国家二类重点保护动物的有小熊猫、白枕鹤等 32 种。

在保护基地动物资源的基础上，基地围绕各类动物资源实施了系列措施，持续推动动物园的生态价值实现。

⇒ 10.1.2　主要做法

（1）不断强化"生态旅游＋自然教育""政府"的生态产品价值实现模式与路径

一是在政府资金的支持下，依托其良好的生态环境与物种资源，利用场地资源优势开发自然教育相关课程。二是坚持政府主导作用，不断完善生态产品价值实现的顶层制度设计，保障生态产品的保值增值及高效转换。三是不断加强与科研院所、高校的合作，加强科研投入。广州动物园于 2002 年 10 月成立科研中心，配备了包括高工、博士等高职称、高学历人才在内的技术人员，专门从事野生动物保护研究工作，有微生物实验室、营养分析室、人工辅助生育研究室，以及人工孵化室、育雏室和占地 60 000 平方米的研究基地。四是以生态旅游为主，开展特许经营，通过在园区内进行承包租赁与文创产品开发以及与园区内动物互动喂养等系列活动，实现部分收益，主要做法是出租一定的空间做成商铺销售小商品、特产、饮料、小吃等；或在基地内摆放自动售货机，为游客提供便利。

（2）利用基地特色资源开发特色自然教育径

一是在广州动物园内设置自然生态观察区，沿途布置鸟类巢穴展示、昆虫巢穴、爬行动物的伪装、湖岛生态等设施，从宏观层面上科普身边的大自然生态链。基地的生态浮岛瞭望台采用自然色防腐木搭建，设计贴合自然生境，内置观鸟平台方便游客全方位观察浮岛上的各种野生鸟类，并附设有关生态浮岛多样性、食物链等趣味科普牌，清晰展示动植物之间相互制约、共生共荣的关系。二是依托广州动物园三大湖净水项目设立了生态系统专题展区，通过展板、实体模型、宣传手册以及结合研学课程开展、定点讲解服务等方式，向大众揭示水生态修复的原理、过程和意义，科普生物圈与生态系统、湿地生态系统、水生植物等知识。

（3）不断加大物种多样性保护力度

近年来，广州动物园通过提升饲养管理科学化水平、积极推进动物福利、科学调配种源、种群建设合理化等措施，多措并举，繁育成绩喜人，2020—2021 年，成功繁殖动物近千只，其中国家或附录一级、二级保护动物 436 头（只），2022 年至今，已繁育超过 430 头（只）动物。广州动物园同时是广州市野生动物研究中心，饲养保育的野生动物中，有约 140 种为列入我国国家一级、二级重点保护或濒危野生动植物种国际贸易公约附录Ⅰ、附录Ⅱ和附录Ⅲ的濒危野生动物。

（4）不断创新科普课程，响亮自然教育名片

自 2021 年起，广州动物园科普活动再添绚丽一笔，推出全新科普课程"自然笔记"，新课程以二十四节气为序，结合节气特点，带领孩子观察动物园内的鸟兽虫木，将对自然的观察、对生命的感悟融入笔记中，用画笔和文字描绘出大自然的壮丽动人心弦，将蝶与花缤纷的姿彩、昆虫不可思议的造型、鸟类艳丽的

羽毛等自然万物记录下来，在绘画中进行细致入微的观察、抽丝剥茧般的探索，在笔记中对自然的意义展开思考，更加珍重地定义人与自然的关系。

⇒ 10.1.3　主要成效

（1）生态效益不断凸显，不断加强物种保护与繁育

近年来，广州动物园成功繁育马来熊、金丝猴、海南坡鹿等野生动物千余只，完成白冠长尾雉等濒危鸟类的人工育雏，建立白鹇等鸟类"精子银行"；参与实施广州构建生物多样性森林城市计划，开展白鹇等动物野化放归研究，促进野外资源恢复；充实濒危野生动物"种质资源库"，为濒危种群复壮提供技术保障；参与野生动物救护保育，探索濒危物种野外重引入。

（2）自然教育蓬勃发展，获得多项荣誉

广州动物园近年来把自然教育作为重点工作不断加以推进，先后获得广州市科普教育基地、广东省青少年科技教育基地、国家青少年科技教育基地、全国"十佳"动物园、全国自然教育基地等荣誉。

（3）社会参与度不断提高，公众参与感不断增强

一是广州动物园具备陆生野生动物和海洋生物相结合的科普资源，交通便利、公益性门票价格，便于青少年儿童参与各类科普活动，与教育部门形成良好的互补，是广州市不可或缺的公益性科普教育基地。二是广州动物园充分利用公益属性，扩大志愿者队伍，逐步使更多的游客从自娱自乐的游园方式向自主管理、参与公园管理的方向转变，实现人与人、人与动物和人与环境之间友好、关爱与和谐，每年惠及 500 多万名游客，社会效益显著。

（4）充分发挥动物园的功能，实现经济效益

广州动物园通过为游客提供休闲娱乐服务，开展特许经营，向游园群众售卖零食、饮料等食品及文创用品，营业额从几万元上涨到上亿元，所得营业利润可保证基地内动物的福利、笼舍的维护、景点的更新和员工的福利等，还可以用经

营利润获得成熟的生物科学技术和新材料，应用于动物园的创新发展。

10.2　中国科学院华南植物园自然教育基地生态产品价值实现

⇨ 10.2.1　案例背景

2019 年，中国科学院华南植物园自然教育基地（以下简称华南植物园）通过广东省林业局命名挂牌成立，依托中国科学院华南植物园开展建设工作。华南植物园占地面积 333 公顷，是华南野生动植物种质基因库，也是世界上同纬度地区最大的南亚热带植物园，2022 年被国务院批复同意设立为华南国家植物园。

近年来，华南植物园抓住了国家植物园建设的契机，依托其丰富的自然资源，致力于全球热带亚热带地区的植物保育、科学研究和知识传播，在植物学、生态学、农业科学、植物资源保护与利用关键技术、自然教育等方面建成国际高水平研究机构，引领和带动国家植物园体系建设与世界植物园发展，为国家植物的生态产品价值实现提供了示范。

⇨ 10.2.2　主要做法

（1）强化生态产品价值实现模式路径

①走好"市场"路径。华南植物园生态产品价值实现模式有"生态旅游 + 文化传承 + 自然教育 + 种质资源""生态旅游 + 自然教育"；生态产品价值实现路径是"政府 + 市场路径"。基地生态产品利用的主要模式是"生态旅游 + 自然教育 + 商业租赁"。②强化科学技术发展，加大生态修复投入。华南植物园 2020 年、2021 年投入分别为 31 067 万元、32 130 万元。具体为：科学技术（类）投入分别是 29 830 万元、30 700 万元，主要用于生态保护修复，包括

基础研究、应用研究、科技条件与服务、科技交流与合作、科技重大专项等科学技术方面的支出。③重视人才队伍建设。根据基地运营管理及发展需要，吸收优秀人才，打造人才队伍。截至 2021 年 12 月底，全园在册职工 427 人（含项目聘用，其中 64 人具正高级职称，97 人具副高级职称），在站博士后 79 人，在学研究生 452 人（其中硕士生 285 人、博士生 167 人）；国家杰出青年科学基金、国家优秀青年科学基金获得者各 3 人；科技部创新人才推进计划"中青年科技创新领军人才" 3 人；国家高层次人才特殊支持计划人才 5 人；中国科学院引才计划人才 11 人（另有自筹 2 人）。

（2）开展形式多样的自然教育活动

华南植物园充分利用植物专类园区和历史文化传承，开展自然观察、自然体验、自然探险等各种自然教育活动。①开展各类主题科普活动。基地开展以展示和推广科研成果为目的的专题科普活动，主要包括各类大型自然教育活动，如"第二届粤港澳自然教育讲坛暨 2020 粤港澳自然教育嘉年华活动"等品牌主题日活动、"檀香——全世界最珍贵的林木"科普主题活动，有效引导公众形成尊重自然、顺应自然、保护自然的价值观和行为方式，助力全民科学素养提升；开展以丰富植物园的文化内涵、弘扬植物科学、传播传统文化为目的举办的各类展览展示，包括春节的"全面小康，幸福花开"牡丹花展，国庆的"兰香大湾区——韶关兰花主题展"等；特色专题展如"抗疫植物知多少展"等。②开发自然教育实践活动。华南植物园与科学家联动，开展以培育和开发自有品牌为目的的科普实践活动，于 2019 年创建了面向社会设置的免费公益讲坛"琪林科学讲坛"，并在线上线下一起开设。"琪林科学讲坛"先后邀请了数十位科学家为公众解读身边的植物科学及相关科学知识，还联动文化馆、博物馆和美术馆等机构开展主题合作，包括非遗类、昆虫类、户外拓展类等活动。例如，"非遗进景区""丹青·草木·求索——植物科学画"作品征集和培训；举行"封怀杯"园艺大赛和"封怀园艺培训"等活动。

（3）完善建设体系，加强生态产品价值实现的基础设施建设

华南植物园在展示园区规划建设和发展过程中，确立了"科学内涵、艺术外貌、文化底蕴"的建园理念和"山清水秀、鸟语花香、峰回路转"的岭南园

林建设目标，建成了以龙洞琪林为代表的自然园林基本格局，开拓了以凤梨园和兰园为代表的新岭南园林特色和温室群景区为代表的现代栖息地造园风格。①打造各类主题植物园区。基地依托中国科学院华南植物园丰富的自然植物资源，建设占地 282.5 公顷的植物迁地保护园区及对外开放园区（又称展示区），包括展览温室群景区、龙洞琪林景区、珍稀植物保育中心，以及木兰园、棕榈园、姜园等 38 个专类园区；建设占地 36.8 公顷的科学研究园区，建有植物科学、生态与环境科学、农业与生物技术 3 个研究中心，以及馆藏标本 115 余万份的植物标本馆、图书馆、《热带亚热带植物学报》编辑部、信息中心、CMA 及 CNAS 双资质认证的公共实验室等支撑系统。建有占地 20 公顷的珍稀濒危植物繁育中心（非开放区），集迁地保护、科研、繁殖和科普功能于一体，共收集珍稀濒危植物 230 种，是我国规模最大的珍稀濒危植物种质基因库之一，保育了众多国家Ⅰ级、Ⅱ级重点保护野生植物。这些场所的建设为学校、自然教育机构提供了开展自然活动、科研活动的场所与服务。②建设科学互动实验室。建设有 584 平方米的科学互动实验室，为中小学开展植物、环境科学方面科学小实验及科学小课题活动提供科学互动实践平台；建设 50 多亩的生物园、肉质植物种植棚、藤本植物种植区、岭南水果作物实践圃、动手实践区及 DIY 植物繁殖圃等，主要为中小学生提供植物栽培、育种、园艺体验等户外实践体验。③设计自然教育径。早在 1960 年就开始进行植物知识的自然教育工作，建立了全国首条自然教育径——蒲岗自然教育径，占地面积 22.5 亩，此外园区内还建有科学家雕塑径。④完善自然教育标识系统。建设科普信息中心、各类解说系统，搭建以生态科普地图为中枢、科普知识牌为神经脉络、树牌和物种牌为神经末梢的公园科普导览体系，通过"无声"的标识系统建设，简明扼要地标识动植物、自然环境、科学知识、路线与方向，达到自然教育"有声"传导的功能。⑤商铺和停车场建设。在植物园内，出租一定的空间做成商铺或摆放自动售货机销售商品；提供观光电瓶车租赁、建有停车场等，满足游客旅游观光、停车、休息、应急等需要。基地已连续 4 次被中国科学技术协会认定为"全国科普教育基地"，未来也将建设成自然教育与生态文明示范基地。

（4）创新特色课程设计与产品设计开发

①研发大量课程。基地坚持以绿色、环保、可持续发展等为主题，着力于策

划更多适合不同年龄段、不同公众需求的课程，自主研发了"博物四季""自然课堂""押花艺术""自然观察""植物科学""自然笔记"共六大主题 75 种自然教育科普课程；植物园夜观被评为广东省优秀自然教育课程；基于科研成果转化策划的"中科 1 号红松茸"课程被国际植物园保护联盟教育刊物 *ROOTS* 报道；同时结合园内特色植物资源，配合各类专类园主题，开展了"非遗植物学""舌尖上的博物学""自然探索营"等各类研学营活动，这些活动进行得有声有色，深受好评。②编撰科普专著。1954 年隶属中国科学院以来（截至 2021 年年底数据），编撰出版了《中国植物志》和《中国植被》（主要编写单位之一）《广州植物志》《广东植物志》《热带亚热带退化生态系统植被恢复生态学研究》《中国景观植物》等专著 490 部（卷、册）。

（5）积极探索"1+N"模式，联合多方开展自然教育活动

华南植物园充分利用植物专类园区和历史文化传承，开展自然观察、自然体验、自然探险等各种自然教育活动，通过多方联合，组织策划了很多自然教育课程及形式丰富多样的科学传播形式，在 2020 年先后开展了以下各项活动，探索并践行"1+N"模式。2020 年 6 月，经"一带一路"国际科学组织联盟（ANSO）批准，华南植物园和庐山植物园启动"ANSO 植物园专题联盟（B 组）"建设，由中国植物园牵头，联合欧美、南美洲、亚洲等多个国家的植物园，共同打造区域化和全球的植物园合作平台。2020 年 8 月，中国科学院人事局精品培训项目"2020 植物标本采集与鉴定培训班"在井冈山国家级自然保护区举办。本次培训班由华南植物园和中国人与生物圈国家委员会联合主办，井冈山国家级自然保护区管理局协办。2020 年 11 月，广东省科普教育基地联盟成立大会暨第一次会员大会在华南植物园召开。广东省科学技术协会、广东省科技厅有关领导以及来自全省各地 50 多家会员单位的 70 余名代表出席会议。2020 年 11 月，依托中国科学院核心植物园在功能领域和特色学科等方面的研究成果，西双版纳植物园、华南植物园、武汉植物园共同策划，协同启动首届中国科学院核心植物园青年科学节，从华中到华南再至西南，三园联动，同步办"节"，推动高端科研资源科普化，以"遇见植物"之美，带领公众窥见科学魅力。2020 年 11 月 30 日—12 月 1 日，由广东省科学技术协会、广东省科学技术厅主办，华南植物园及多家单位承办的 2020 岭南科学论坛系列活动——粤港澳大湾区生态文明建设与创

新高端论坛在广州以线下＋线上直播的形式召开，共计28万多人次观看了直播与回放。

2020年12月29日，华南植物园召开以"弘扬科学家精神，传承优秀文化"为主题的纪念老一辈科学家陈焕镛院士诞辰130周年、张肇骞院士诞辰120周年、陈封怀研究员诞辰120周年座谈会。魏平、徐海及老一辈科学家家属代表和职工代表、离退休职工代表、研究生代表等36人参会。

⇒ 10.2.3　主要成效

（1）生态保护修复成效明显

华南植物园建设的各类不同园区保育了大量植物资源，目前迁地保育植物17 168种（含种下分类单元），珍稀濒危植物643种，国家重点保护植物337种。其中，孑遗植物区保育了现存种子植物中最古老的，以及中国特有的珍稀名贵孑遗树种20多种，如南方红豆杉、银杏等；形成了著名的羊城八景之一——龙洞琪林景观。世界植物奇观——华南植物园温室群景区集植物迁地保护、科学研究、科普旅游于一体，共收集植物约3 500种，具有优美的园林外貌、丰富的科学内涵和深厚的文化底蕴，向公众展示了全球植物生态类型，是广州市标志性建筑和最富特色的园林景观，是亚洲乃至世界最大型的植物景观温室群。

（2）大力推动自然教育影响成效明显

"讲好中国植物故事"是华南植物园的重要职能。丰富的物种保有量和独特的景观设计，成为讲好植物故事的宝贵资源。通过进一步创新打造系列品牌活动，举办基地特色科普活动和教育课程，开展"琪林科学讲坛"和广泛的媒体传播与旅游服务及志愿服务，年接待游客超百万人次。随着科普的拓展和植物园生态旅游服务的提升，参与科普旅游的游客比例逐年攀升，科普研学旅游收入迅速增长。在"1+N"模式下，自然教育、科普宣传力度大、范围广、形式多样，有效引导了公众形成尊重自然、顺应自然、保护自然的价值观和行为方式，助力全民科学素养提升，同时不断提升基地自身在国内与国际上的影响力。

（3）"政府 + 市场路径"下经营收入明显增加

华南植物园生态产品价值实现的路径是"政府 + 市场路径"。基地资金主要来源于政府管理部门和企业，以政府为主、企业为辅。2020 年、2021 年收入分别为 29 954.2 万元、38 534.58 万元。具体为一般公共预算财政拨款收入分别为15 911.3 万元、14 036.48 万元，是基地当年从中央财政取得的资金；事业收入分别为 10 214.77 万元、11 595.73 万元，是开展专业业务活动及辅助活动所取得的收入；经营收入分别为 679.25 万元、480.41 万元，是在专业业务活动及其辅助活动之外开展非独立核算经营活动取得的收入；其他收入分别为 3 148.88 万元、11 421.96 万元，是在财政拨款收入、事业收入、经营收入、附属单位上缴收入之外取得的收入。基地年收入上涨，2021 年的收入比 2020 年增加了 38 580.38 万元。

（4）获得大量荣誉奖项

华南植物园自建设以来，实施了系列保护修复项目，提升了生态产品的数量和质量，在持续不断地为市民提供休憩和自然教育场所的同时也获得了系列荣誉奖项。华南植物园是国家 4A 级旅游景区，先后获得"广东省科普教育基地""广东省中小学生研学实践教育基地""广州市社会科学普及基地""国家自然学校能力建设项目第五批试点单位""中国生态学学会生态科普教育基地"共计 5 个科普基地授牌；2022 年 7 月，依托中国科学院华南植物园设立的华南国家植物园在广州正式揭牌。华南植物园先后获得全国科普日活动先进单位、全国科普工作先进集体、中国科学院科学传播先进单位、十佳广东省科普基地、广州市最受市民欢迎的科普基地、广州市爱国主义教育优秀基地、国家科研科普基地、2019 年年度中国最佳植物园、广州市公园分类分级等级认定专类公园（一级）、2020 年广州市基层科普工作先进集体、2020 年度广州科普志愿者工作先进集体、2022 年广东省高品质自然教育基地、2022 年广东省环境教育基地示范单位（首批）、2023 年入选广州市第一批历史名园等。华南植物园的黄瑞兰被授予"2020 年广州市基层优秀科普工作者"称号；任多、陈敏分别荣获 2020 年广州地区"讲科学，优秀科普"大赛一等奖、三等奖，任多被授予"广州市十佳科普讲解员"称号等。

（5）民生福祉日益改善

自开园以来，华南植物园在植物学、生态学、农学、植物多样性保护及其可持续利用等方面积累了丰硕的研究成果，对社会经济与民生起了重要促进作用。在教育设施、课程研发及面向公众的自然教育活动方面，华南植物园也做了大量的工作，逐步形成了植物园类自然教育基地的自然教育体系。环境教育设施先进、户内外科普教育设施齐备、自然教育人才配备齐全、活动开展全年覆盖、居民参与度不断提高。这些条件不仅可以促进游客体验华南植物园优良的生态产品，还可以享受丰富的自然教育服务，获得感与幸福感日益增强。

第11章

广东省企业类自然教育基地生态产品价值实现

- 11.1 案例背景
- 11.2 主要做法
- 11.3 主要成效

以广州花都宝桑园自然教育基地（以下简称宝桑园）为例，探索企业类自然教育基地生态产品价值实现情况。

11.1 案例背景

2020年，广州花都宝桑园自然教育基地通过广东省林业局命名挂牌成立，依托广州花都宝桑园开展建设工作。宝桑园占地880亩，园内建有150亩果桑种植示范区、50亩秋季反季节果桑示范区、150亩菜桑示范区和桑树品种科普资源圃，生长着数十万棵来自世界各地的名贵桑树，是名副其实的桑树大观园。

近年来，宝桑园利用丰富的蚕桑资源，与广东省农业科学院开展深入合作，以蚕桑为特色，主要展示优质蚕桑品种高效种养、桑基鱼塘及基塘经济文化、蚕桑资源多元化加工利用、生态景观及园林风光，以及开展蚕桑特色科普研学教育、农耕农事体验活动、团队拓展训练和休闲度假旅游等项目，以蚕桑特色休闲游带动乡村振兴，走出了一条独具特色的蚕桑生态产品价值实现新模式。

11.2 主要做法

（1）建立完善以"市场"为主的生态产品价值实现模式路径

宝桑园通过"生态农业产业化"，以基地良好的生态环境为依托，设计为企业型自然教育基地，政府参与投资建设，以门票方式向市民开放，共享发展的生态红利。同时，科普研学与经济发展并行，在广东省农业科学院的帮助下开发独属于宝桑园的生态产品，通过"市场路径"不断提升生态产品品质，通过合作研发与创立品牌，如"果舒兄"牌系列科研产品、"宝桑园"牌桑果汁产品、"力衡"牌系列临床营养品等，另外，还开展蚕桑品种、蚕丝制品的研发与推广。从桑葚到桑叶，从蚕丝到蚕蛾，以及其他桑蚕相关的产品，如桑植灵芝、桑枝灵芝鸡等。完善市场路径的同时注重生态资源利用与社会经济发展的协调统一，促进生态产品价值实现。

（2）强化运营维护与基础设施建设

2020 年，广东省农业科学院与景观设计全国五强企业怡境国际集团开展战略合作。秉承"运营美好，赋能品质生活"的理念，将宝桑园全面升级，打造出璞生活自然美学试验地。将园区打造为集食、住、赏、娱、购于一体的综合性景区，是休闲娱乐、旅游度假、商务会议的优质场所。2019—2021 年，宝桑园建设维护投入约 50 562 万元，其中，生态保护修复支出 2 496 万元，占总金额的 5%，大部分投入资金支付于周边农产品开发以及科研等，为公众提供优质生态产品。

（3）依托特色桑蚕资源大力开展自然教育工作

宝桑园以蚕桑为特色，主要展示优质蚕桑品种高效种植养殖、农产品加工新技术、生态景观和园林风光，并开展蚕桑特色科普研学教育。充分利用基地特色资源，丰富自然教育活动与课程，形成了"生态旅游 + 自然教育 + 商业租赁"的结合模式，推动自然教育与产业相融合。①桑蚕时空故事馆（蚕桑文化博物馆）。蚕桑科普馆，展示蚕桑历史文化知识、桑基鱼塘知识、蚕桑综合利用与食疗保健知识。桑蚕文化博物馆内展示了蚕的一生、蚕茧变成丝绸的神奇过程、举世闻名的"丝绸之路"文化。在蚕宝宝体验馆内，可以参与喂养蚕宝宝活动，感受蚕吃桑叶的乐趣。游客可以领养蚕宝宝回家喂养，亲自见证"春蚕到死丝方尽"的涅槃过程。②蚕相关 DIY 活动。馆外是蚕茧等蚕桑相关物品的 DIY 区域，可以学习感受蚕茧缫丝、古法扎染、豆浆研磨、蚕茧 DIY 等手工活动，将故事馆内学到的知识付诸实践，加深记忆。③温室自然生活馆。结合桑蚕养殖文化及农业科普知识，宝桑园设立了极具生态特色的温室自然生活馆，为游客提供可玩乐、可参与的高品质研学项目。温室自然生活馆结合园区特色，提供特色的火锅以及甜品、饮品等餐饮服务。馆内设置了趣味手作活动体验课程（盆景手作、陶泥捏塑、皮艺手作），带来寓教于乐的全新自然美学体验。④现代农业科普大棚。用于展示现代化桑基鱼塘、无土栽培、立体种植等知识。还开辟了"微缩盆景科普手工区""陶艺捏塑体验区"，锻炼孩子们的动手能力。

（4）实施生态产品产业化经营模式

依托宝桑园自然资源及环境条件，挖掘和显化基地自然生态的内在价值。①特色生态旅游。宝桑园开展特色桑果采摘、科普教育、农耕农事体验、团队拓展训练和亲子互动等农商农旅休闲活动，每年有大量学校、教育机构、机关团体及市民等前来参观研学。每年的春季、秋季是桑果成熟的季节，大量游客慕名前来参观和采摘桑果、桑叶。同时，还可采摘到当季的龙眼、黄皮、火龙果、西瓜、香瓜、草莓等瓜果，体验桑园摘果的乐趣，促进生态旅游。围绕蚕桑为核心的全产业链布局，探索生态产品价值实现模式与路径。②生态产品产业化。基地以蚕桑为核心进行全产业链布局规划，构建"食·养·游"蚕桑产业体系，包含天然饮品、健康食品、天然保健品、天然化妆品、医疗保健、康养旅游、教育产业等多个业态。其打造的更营养、更健康、更生态的生活方式，发挥着助力当地乡村旅游经济发展的重要作用。基地除了基础的文化旅游服务，还侧重物质产品，如桑蚕相关的农产品加工等。

11.3　主要成效

（1）改善宝桑园环境，增强优质生态产品供给

秉承"运营美好，赋能品质生活"的理念，将宝桑园不断升级，优化园内桑树品质，建立璞生活自然美学试验地。宝桑园以蚕桑为特色，主要展示优质蚕桑品种高效种植养殖、农产品加工新技术、生态景观和园林风光，并开展蚕桑特色科普研学教育。

（2）获得了大量奖项荣誉

宝桑园自建设以来，实施了系列设施修复升级项目，提升了生态产品的数量和质量，持续不断地为市民提供休闲娱乐和自然教育的场所，同时获得了系列荣誉奖项。先后获得了全国青少年农业科普教育基地、广东省科普教育基地、广州市科普教育基地、广东省中小学生研学实践教育基地、广东省休闲农业与乡村旅游示范点、广东省科技教育基地、广州蚕桑特色农业公园、广东省研学教育基地、蚕桑文化示范基地、生态旅游星级园区、广东"十佳"科普教育基地等称号。近年来宝桑园更是被评为国家 3A 级旅游景区、国内首家桑田生态氧吧、全国第一个蚕桑体验基地标杆品牌、华南地区最大的桑田示范基地、广州市第一批中小学生实践教育基地、科技旅游示范基地、观光休闲示范园、广州市农业龙头企业、最受欢迎科普游资源单位。

（3）大力推动自然教育影响成效明显

宝桑园自负盈亏，其中成人门票 45 元 / 人，儿童、老人票 35 元 / 人，套票（2 名成年人 1 名儿童）88 元起。每日可接待约 5 000 人。据统计，宝桑园累计接待游客超过 100 万人次，中小学生科普受众超过 50 万人次。通过进一步创新系列自然教育活动，及时更新了基地内的科普馆参观和讲解内容，并推出了桑果科普实验室、璞美育画展、科普游玩等，让孩子们能够在自然环境中实践、成长。基地每年承担科普自由行和科普一日游等活动，参加科技活动周和全国科普日系列活动。基地与科普联盟、科学技术交流馆、科学中心等单位合作密切，认真执行科普进校园、科普进社区、科普助农等活动。

（4）自然教育加快了基地生态产品价值的实现

宝桑园的生态系统有城市生态系统、农田生态系统与淡水生态系统三大类型。这些生态系统在基地调节服务类型中涵盖固碳、土壤保持、噪声消减等作用。宝桑园的桑树资源环境优势，对其生态产品价值实现潜力进行挖掘研究，促进生态产品价值实现。

参考文献

Bellver-Domingo Águeda, Hernández-Sancho, FrancescBellver-Doming. 2022. Circular economy and payment for ecosystem services: A framework proposal based on water reuse[J].Journal of Environmental Management, 305: 114416.

Costanza R, d'Arge R, Groot R D, et al. 1997. The value of the world's ecosystem services and nature capita[J]. Nature, 38: 253-260.

Costanza R，De Groot R，Brat L, et al. 2017. Twenty years of ecosystem services: How far have we come and how far do we sill need to go?[J]. Ecosystem Serices, 28: 1-16.

Daily G C. 1997.Nature' serices:Societal dependence on natural ecoystems[M]. Washington D C: Island Press.

Farley J, Costanza R. 2010. Payments for ecosystem services: From local to global[J]. Ecological Economics, 69(11): 2060-2068.

LIU Jiangyi, MOU Degang. 2020. Research progress of ecological product value and realization mechanism[J]. Ecological Economy, 36(10): 207-212.

Ouyang Zhiyun, Zheng Hua, Xiao Yi, et al. 2016. Improvements in ecosystem services from investments in natural capital[J]. Science, 352(6292): 1455-1459.

Ouyang ZY, Song CS, Zheng H, et al. 2020. Using gross ecosystem product (GEP) to value nature in decision making[J]. Proceedings of the National Academy of Sciences of the United States of America, 117(25): 14593-14601.

Tsujimoto M, Kajikaway, Tomita J, et al. 2018. A review of the ecosystem concept: Towards coherent ecosystem design[J]. Technological Forecasting and Social Change, 136: 49-58.

Wunder S, Alban M. 2008. Decentralized payments for environmental services: The cases of Pimampiro and Profafor in Ecuador[J]. Ecological Economics, 65(4): 685-698.

Zheng Hua, Wu Tong, Ouyang Zhiyun, et al. 2023. Gross ecosystem product (GEP): Quantifying nature for environmental and economic policy innovation[J]. Ambio: A Journal of Environment and Society, 52(12): 1952-1967.

陈绍志，仇晓璐 . 2022. 关于生态产品价值实现的思考 [J]. 林草政策研究，2(4)：15-19.

董珂，刘畅 . 2021. 以产权明晰和要素流动促进生态产品的价值实现 [J]. 中国生态文明，5：23-28.

樊继达.2013.城镇化进程中的生态型公共产品供给研究 [J].经济研究参考，1：20-25.

范昕，张璐，李江风，等.2021.基于自然和社会要素影响的清江流域生态系统服务研究 [J].生态经济，37(1)：147-151, 184.

范振林.2020.生态产品价值实现的机制与模式 [J].中国土地，3：35-38.

方印，石丹妮.2023.生态产品价值实现的主要需求类型及其相应配套机制 [J].价格月刊，3：1-9.

高艳妮，王世曦，杨春艳，等.2022.基于矿山生态修复的生态产品价值实现主要模式与路径 [J].环境科学研究，35(12)：2777-2784.

谷树忠，杨艳，李维明，等.2020.关于"两山"及其转化模式与工具的辨析 [J].环境与可持续发展，45(6)：75-79.

国务院发展研究中心"绿化中国金融体系"课题组，张承惠，谢孟哲，等.2016.发展中国绿色金融的逻辑与框架 [J].金融论坛，21(2)：17-28.

黄俊达.2022.广东自然教育基地空间分布及影响因素分析 [J].城市建筑空间，29(8)：201-204.

蒋凡.2022.水生态产品价值核算——兼论青海三江源生态环境保护对水生态产品价值的影响 [J].青海师范大学学报（社会科学版），44(1)：52-58.

窦亚权，李娅，赵晓迪.2022.生态产品价值实现：概念辨析 [J].世界林业研究，35(3)：112-117.

蓝虹.2021.完善金融支持实现碳中和目标的机制 [J].中国金融家，6：75-77.

李宏伟.2020-07-14.生态产品价值亟待拓展 [N].人民日报（海外版），8.

李维明，俞敏，谷树忠，等.2020.关于构建我国生态产品价值实现路径和机制的总体构想 [J].发展研究，3：66-71.

刘畅，刘耕源，廖少锴，等.2022.海洋生态产品及其价值实现路径 [J].中国国土资源经济，35(4)：51-63.

刘耕源，王硕，颜宁聿，等.2020.生态产品价值实现机制的理论基础：热力学，景感学，经济学与区块链 [J].中国环境管理，12(5)：28-35.

刘江宜，金瑶，张新平.2020.鄂西生态文化旅游圈市场化生态补偿机制探索 [J].国土与自然资源研究，5：77-80.

欧阳志云，朱春全，杨广斌，等.2013.生态系统生产总值核算：概念、核算方法与案例研究 [J].生态学报，33(21)：6747-6761.

彭少麟，吴可可.2015.提高生态系统快速恢复能力：恢复城市、乡村和原野——第六届国际恢复生态学大会（SER 2015）综述 [J].生态学报，35(16)：5570-5572.

邱琼，施涵.2018.关于自然资源与生态系统核算若干概念的讨论 [J].资源科学，40(10)：1901-1914.

仇晓璐，赵荣，陈绍志 . 2023. 生态产品及其分类体系构建研究 [J]. 中国农业资源与区划，1-11.

尚宇杰，郑荣林，方金春，等 . 2021. 建设美丽中国：我们在行动——三大国家生态文明试验区走前列作表率 [J]. 当代贵州，28：18-20.

沈实 . 2017. 习近平绿色金融思想研究 [D]. 大连：东北财经大学 .

"生态产品价值实现的路径、机制与模式研究"课题组 . 2019. 生态产品价值实现路径、机制与模式 [M]. 北京：中国发展出版社 .

谭荣，范振林 . 2021-08-13. 将生态补偿纳入耕地占补平衡 [N]. 中国自然资源报，3.

唐秀美，刘玉，任艳敏，等 . 2021. 基于需求的京津冀地区生态系统服务价值时空变化研究 [J]. 北京大学学报（自然科学版），57(1)：173-180.

万深玮，张勇花，刘嘉，等 . 2022. 碳普惠背景下森林碳汇产品公众购买行为激励模式设计——基于理性选择理论与期望理论的整合探讨 [J]. 中国林业经济，4：85-90.

王爱国，周信智 . 2023. "绿水青山转化为金山银山"的理论逻辑和实践路径 [J]. 东岳论丛，44(1)：56-64.

王夏晖，朱媛媛，文一惠，等 . 2020. 生态产品价值实现的基本模式与创新路径 [J]. 环境保护，48（14）：14-17.

吴绍华，侯宪瑞，程敏，等 . 2021. 生态调节服务产品价值实现的适宜性评价及模式分区——以浙江省丽水市为例 [J]. 中国土地科学，35(4)：81-89.

谢贤胜，陈绍志，赵荣 . 2023. 生态产品价值实现的实践逻辑——基于自然资源领域 87 个典型案例的扎根理论研究 [J]. 自然资源学报，38(10)：2504-2522.

徐彩霞，唐文，郑溪 . 2023. 230 家自然教育学校（基地）空间分布特征及影响因素 [J]. 中国城市林业，21(4)：73-79.

许丁，张卫民，管晓 . 2023. 基于生态产品价值实现的生态修复项目经济生态效益评价研究 [J]. 干旱区资源与环境，37(7)：57-65.

杨渺，肖燚，欧阳志云 . 等，2019. 四川省生态系统生产总值 (GEP) 的调节服务价值核算 [J]. 西南民族大学学报（自然科学版），45(3)：221-232.

姚霖 . 2021. 全民所有自然资源资产核算及其决策支撑的思考 [J]. 中国国土资源经济，34(5)：1.

叶有华，付岚，李鑫，等 . 2017. 珍稀濒危动植物资源资产价值核算体系研究 [J]. 生态环境学报，26(5)：808-815.

叶有华，林珊玉，何玉琳，等 . 2021. 粤港澳大湾区海岸带生态系统修复框架研究 [J]. 生态学报，41(23)：9186-9195.

叶有华，肖冰，冯宏娟，等 . 2022. 乡村振兴视域下的生态产品价值实现模式路径研究 [J]. 生态环境学报，31(2)：421-428.

游和远，张津榕，夏舒怡 . 2023. 基于生态价值与生态产品价值实现潜力权衡的全域土地综合
整治用地优化 [J]. 自然资源学报，38(12)：2950-2965.

虞慧怡，张林波，李岱青，等 . 2020. 生态产品价值实现的国内外实践经验与启示 [J]. 环境科
学研究，33(3)：685-690.

臧振华，徐卫华，欧阳志云 . 2021. 国家公园体制试点区生态产品价值实现探索 [J]. 生物多样
性，29(3)：275-277.

张碧天，闵庆文，焦玟珺，等 . 2021. 生态系统服务权衡研究进展 [J]. 生态学报，41(14)：
5517-5532.

张二进 . 2023. 回顾与展望：我国生态产品价值实现研究综述 [J]. 中国国土资源经济，36(4)：
51-58, 81.

张林波，虞慧怡，郝超志，等 . 2021a. 国内外生态产品价值实现的实践模式与路径 [J]. 环境科
学研究，34(6)：1407-1416.

张林波，虞慧怡，郝超志，等 . 2021b. 生态产品概念再定义及其内涵辨析 [J]. 环境科学研究，
34(3)：655-660.

张婷，文韶丰，周玉，等 . 2022. 自然资源领域生态产品价值实现机制思考——基于生态产业
化实践 [J]. 中国国土资源经济，35(11)：11-17.

张伟伟，高锦杰，费腾 . 2016. 森林碳汇交易机制建设与集体林权制度改革的协调发展 [J]. 当
代经济研究，9：79-85.

张潇尹 . 2019. 生态资源资产产权交易研究综述 [J]. 现代经济信息，6：14.

张兴 . 2019. 自然资源管理中的生态产品价值实现机制探究 [J]. 国土资源情报，4：3-9.

张彦丽，丁萃华，张亚峰 . 2020. 乡村绿水青山转化为金山银山实践路径研究——以蒙阴"两
山"实践创新基地为例 [J]. 中国生态文明，6：69-75.

后 记

　　《广东省自然教育基地生态产品价值实现典型案例》一书编制过程得到了广东省林业事务中心咨询课题（[2023]GDLYSWD19）、广东省文化和旅游统计研究课题（粤文旅财〔2023〕197号-4）、广东省普通高校科技服务乡村振兴重点领域专项（2023ZDZX4021）、广东省科学院打造综合产业技术创新中心行动资金（2022GDASZH-2022010201-01）、广东省科学院发展专项资金项目（2022GDASZH-2022010106）、广东省林业局国家公园专项资金项目（LC-2021124）、南岭国家站2024年开放资金项目（NLFP202407）、仲恺青年启动基金（KA180581314）、仲恺学位与研究生教育改革研究项目（YJSJY202401）、广东省科学技术厅"百千万工程"农林科技特派员第二轮派驻项目（KTP20240318、KTP20240604、KTP20240924），仲恺农业工程学院教育教学改革与研究项目（JG 2024004）等项目资助。

　　课题组成员在广东省自然教育基地调研、评价分析、案例整合等过程中为此书付出了大量的劳动，庆幸的是拙作如期完成。本书的出版除得益于上述项目资助外，还得益于我国生态产品价值实现的政策支持，得益于自然教育、自然保护地和生态产品价值实现领域有关管理部门和专家的大力指导，得益于"仲恺生态保护修复（水土保持）与生态产品价值实现创新团队"的积极参与。

　　感谢广东省林业事务中心的指导和支持，感谢广东南岭森林生态系统国家野外科学观测研究站和仲恺农业工程学院提供的支持和帮助，感谢广东省各自然教育基地在调研期间提供的大力支持和帮助。感谢咨询论证过程提出宝贵意见和建议的同行老师，感谢中国环境出版集团编辑老师为本书的出版付出的富有成效的劳动。由于作者能力有限，书中不足之处在所难免，衷心期待读者的批评指正。

作者

2024 年 12 月 8 日

广东省自然教育基地生态产品价值实现场景展示

梧桐山国家森林公园（沙头角林场）自然教育基地
生态产品价值实现场景

◀ 游客在沙头角基地
内的"深圳恩上大草原"
露营、野餐、游憩等
（叶有华摄）

▲ 从沙头角基地远眺全球第三大港口盐田港（叶有华摄）

云浮林场自然教育基地生态产品价值实现场景

云浮林场内的桉树教育林（陈海军摄）

云浮林场临时检查站的生态保护宣传（张钰欣摄）

天井山林场自然教育基地生态产品价值实现场景

🔅 天井山森林美育馆内神奇的"种子墙"（刘冰玉摄）

▶ 天井山生态长
廊体验（叶有华摄）

广东南岭国家级自然保护区自然教育基地生态产品价值实现场景

🔺 南岭秤架天门观景台云雾景观（黎明摄）

🔺 南岭自然之家（黎明摄）

广东南岭国家级自然保护区自然教育基地生态产品价值实现场景

▲ "南岭·瑶药"药用植物园（广东南岭国家级自然保护区周智鹏供图）

▲ 南岭森林生态监测与科研教育平台（广东南岭森林生态系统国家野外科学观测研究站供图）

丹霞山世界地质公园自然教育基地生态产品价值实现场景

🔻 水上丹霞景观·观音送子（李涛摄）

🔻 丹霞博物馆里的自然展（李涛摄）

内伶仃岛—福田国家级红树林自然保护区自然教育基地生态产品价值实现场景

红树林观鸟长廊（叶有华摄）

▲ 2号塘观测到的赤颈鸭（马子安摄）

福田红树林生态公园自然教育基地生态产品价值实现场景

福田红树林生态公园入口的标识系统与全国首份《公园自然报》展示墙（刘冰玉摄）

自然导师木荷在福田红树林生态公园科普馆讲解（叶有华摄）

深圳华侨城国家湿地公园自然教育基地生态产品价值实现场景

华侨城湿地自然学校内参与者的成果展示（陈晓意摄）

华侨城湿地公园自然之门内的"绿水青山就是金山银山"宣传活动（刘冰玉摄）

广州海珠国家湿地公园自然教育基地生态产品价值实现场景

▲ 海珠湿地飞龙桥景观（陈日强摄）

▲ 海珠湿地与广州塔（陈日强摄）

广州动物园自然教育基地生态产品价值实现场景

▲ 广州动物园的自然之家（动物大学·图书馆）（郭微摄）

▶ 广州动物园
关于马达加斯
岛动物多样性的
宣传（郭微摄）

中国科学院华南植物园自然教育基地生态产品价值实现场景

▶ 中国科学院华南植物园
的文创产品吸引了众多游客
（叶有华摄）

▲ 中国科学院华南植物园多肉馆内的"沙漠植物"（饶诗卿摄）